青少年求知文库
QingShaoNian QiuZhiWenKu

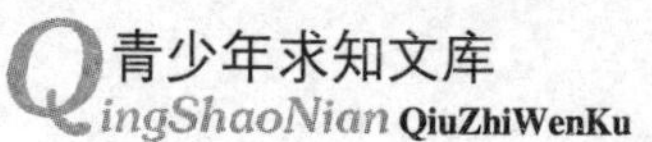

少年百事通

刘淑梅 编

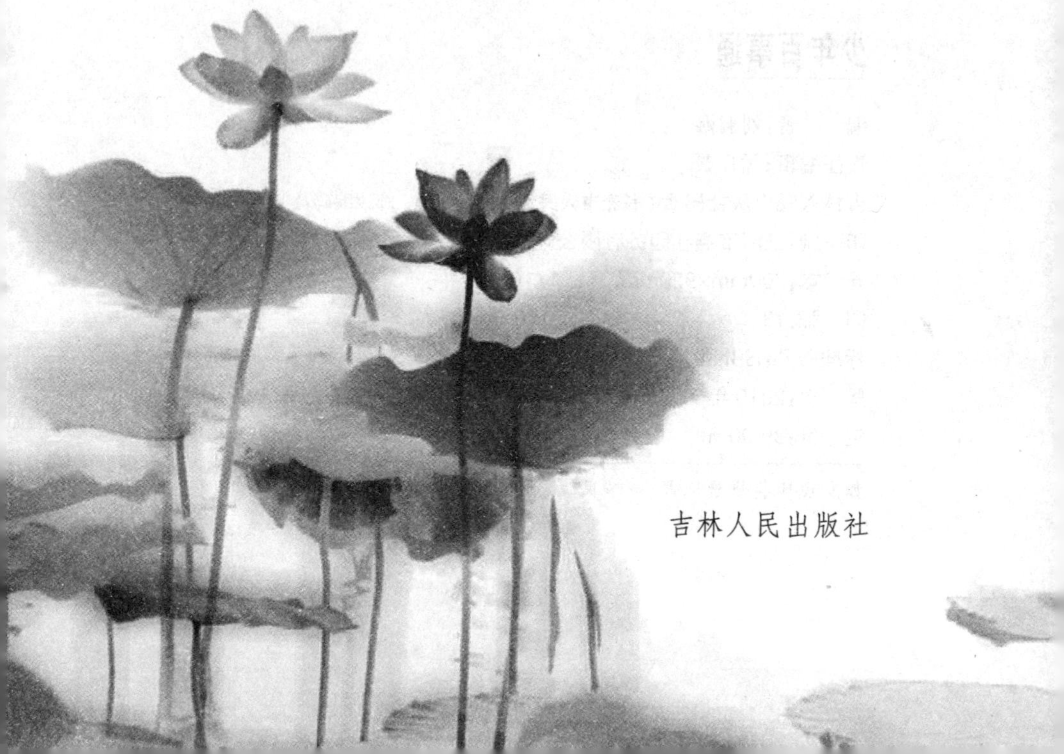

吉林人民出版社

图书在版编目(CIP)数据

少年百事通/刘淑梅编. —长春:吉林人民出版社,2010.7(2021.3重印)
(青少年求知文库)
ISBN 978-7-206-06858-4

Ⅰ.①少… Ⅱ.①刘… Ⅲ.①科学知识–少年读物
Ⅳ.①Z228.1

中国版本图书馆CIP数据核字(2010)第120612号

少年百事通

编　　者:刘淑梅
责任编辑:孟广霞
吉林人民出版社出版(长春市人民大街 7548 号　邮政编码:130022)
印　刷:三河市燕春印务有限公司
开　本:700mm×970mm　　1/16
印　张:13　　字数:110 千字
标准书号:ISBN 978-7-206-06858-4
版　次:2010 年 7 月第 1 版　　印　次:2021 年 3 月第 2 次印刷
定　价:39.00 元

目　录

气　象

地　理

历 史

名　胜

动　物

植　物

文　艺

生　活

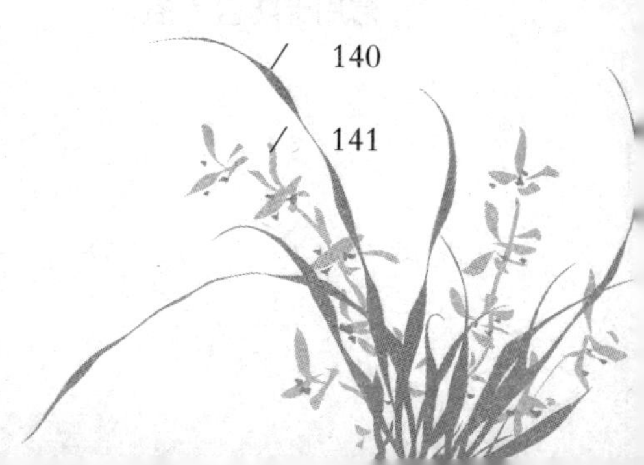

健　康

气　象

云是怎样形成的

空中有各种各样的云，有的洁白如棉，有的漆黑如墨，有的淡淡如烟，有的浓重如铅，有的翻卷如潮，有的又似乎纹丝不动……这些云是怎样形成的呢?

我们知道，云主要是由于地面上的水蒸气不断蒸发，上升到空间后遇到冷空气而形成小水珠，这些小水珠聚集在一起就形成了大块的云，由于空气中上升气流的顶托，一般情况下，它们能够悬浮在空中。

除了水蒸气受热蒸发上升外，云的形成还有另外一些原因，比如“锋面”作用。“锋面”在气象学上是指冷暖空气交锋时的界面。当暖而轻的空气向前进时，遇到冷而重的空气的阻挡，暖空气就会主动地在冷空气斜面上滑升，冷空气也会迫使暖空气上升，以此形成深厚的云层。再有，地形对云的形成也有作用。平流的湿空气遇到山脉、丘陵或高原等地形阻挡时，就会被迫上升，在迎风山坡形成云或雾。此外，由于空气的垂直乱流作用，以及湿空气层间的辐射冷却作用，也会使空气中的水汽凝结成云。

五颜六色话彩虹

夏日，雨过天晴，太阳露出暖洋洋的脸来，这时天空常常会出现半圆形的彩虹，五颜六色，艳丽缤纷，高悬天际，美不胜收，使人兴奋也引人遐想。彩虹是怎么出现的呢?

其实，我国早在北宋时候，对彩虹就有了科学的解释。当时的沈括在《梦溪笔谈》中引用孙彦光的话说："虹，日中雨影也。日照雨，则有之。"

我们知道，当阳光通过三棱镜的时候，前进的方向就发生偏折，而且把原来的白色分解成红、橙、黄、绿、蓝、靛、紫各种颜色的光带。夏天常常下雷雨或阵雨，这些雨的范围不大，往往是这边天空在下雨，那边天空仍闪耀着强烈的阳光。雨过以后，有时候天空还飘浮着许多小水滴，当太阳光通过这些小水滴时，经过反射与折射作用，天空中美丽的彩虹就出现了。

拉萨别名日光城

打开气象资料，我们可以查到，拉萨每年平均日照总时数多达 3 005.3 小时，平均每天有 8 小时 15 分钟的日照。

拉萨有太阳的时间不仅比东部地区几乎多了一倍，比四川盆地多了两倍，而且由于拉萨海拔 3 658 米，大气层薄而空气密度稀，水汽含量少，大气透明度十分良好，阳光特别灿烂而明亮，眺望远处的雪峰，清晰异常。由于拉萨的日照既长阳光又强，难怪要称它为“日光城”了。

巴山夜雨涨秋池

四川盆地多夜雨，唐人曾有“君问归期未有期，巴山夜雨涨秋池，何当共剪西窗烛，却话巴山夜雨时”的名句。根据气象观测统计，四川盆地的北碚平均一年中夜雨占全年降雨次数的 61%，春季尤多，夜雨占 70%；西部的峨嵋山平均一年中夜雨占 67%，春季夜雨占 69%。这比中国其他地区夜雨率都高。这是什么原因呢?

主要是由于四川盆地内空气潮湿，天空多云，云层遮挡了部分太阳辐射，白天云下气温不易升高，对流不易发展。到了夜间，云层下层能够吸收来自地面辐射的热量，使夜间云下气温不致过低。可由于云层本身善于辐射散热，其上层温度降低很快，从而形成云层上冷下暖的显著温差。于是上下空气发生对流、翻滚，使云层发展，出现降雨现象。

又由于春季冷暖空气交锋频繁，所以四川盆地的夜雨，春季尤多。

不识庐山真面目

庐山多云雾，其变幻无定，时而淡淡白絮，托一派秀丽奇峰，时而怒涛翻滚，淹没了峭壁悬崖，宋代大诗人苏东坡有诗云：“横看成岭侧成峰，远近高低各不同。不识庐山真面目，只缘身在此山中。”正是庐山云雾的绝妙写照。

庐山何以多云雾呢？我们看一下它的地理位置就清楚了。庐山耸立在江西省北部的鄱阳平原上。长江，像它身旁飘动的一条长带，烟波浩渺的鄱阳湖，又把庐山环抱起来。广阔的水面，源源不绝地供应着丰富的水蒸气，海拔 1 474 米的庐山，接受着四面八方来的湿润空气，又迫使它们沿着山坡上升。湿空气上升以后气温降低，含水能力变小，水蒸气凝结成无数小水滴，飘浮在低处成雾，上升至高处则为云了。小水滴随着气流的升降，忽浮忽沉，时云时雾，云雾相连，这就使得庐山真面目难以看清楚了。

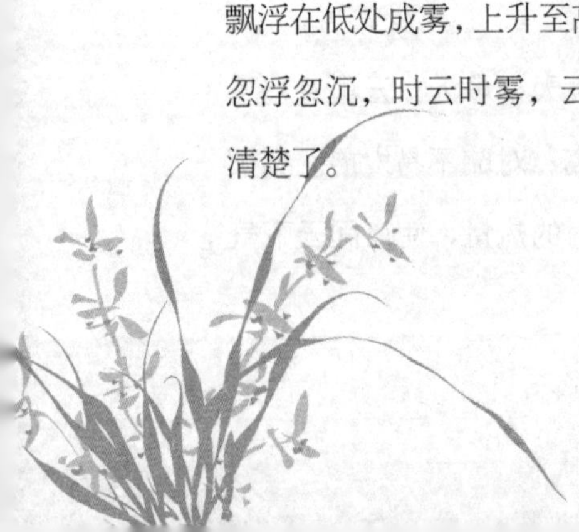

霹雳声声雨阵阵

夏天的午后或傍晚，时常使人感到闷热，烦躁不安，过了一会儿，突然雷声隆隆，电光闪闪，大雨倾盆而至，又过一会儿，雷声隐去，大雨戛然而止，蓝天白云相互衬托，空气格外新鲜。这就是夏天常有的雷阵雨现象。

雷阵雨是因为夏天的天气酷热，空气在局部地方出现强烈对流，使大量湿热空气猛烈地上升，造成了积雨云所形成的。又由于热力对流造成积雨云的猛烈扰动，往往发生闪电现象，而且其中上升气流时强时弱，一块积雨云过后，另一块积雨云又移过来，所以雨量时大时小，变化很大，形成一阵一阵的，所以称为雷阵雨。

在大陆上，正午以后，空气温度最高，这时上升运动也最强，因而雷阵雨多数发生在午后至傍晚这段时间里。

秋冬之晨雾茫茫

我们知道，夜间地面热量的散失，会使地面温度下降，同时会影响接近地面的空气，使空气的温度也降低下来。如果接近地面的空气是相当潮湿的，那么当它冷到一定程度时，空气中的一部分水汽就会凝结出来，变成很多小水滴，悬浮在近地面的空气层里，如果近地面空气层里的小水滴多了，阻碍了人们的视线时，就形成了雾。

秋冬季节，由于夜长，而且出现无云风小的机会较多，地面散热较夏天更迅速，以致使地面温度急剧下降，这样就使得近地面空气中的水汽，容易在后半夜到早晨达到饱和而凝结成小水珠，所以，秋冬的早晨常出现大雾茫茫的景象。

瑞雪飘飘兆丰年

冬季瑞雪飘飘，庄稼人往往十分兴奋，正如一句农谚说的“瑞雪兆丰年”，意思是冬天下几场大雪，是来年庄稼获得丰收的预兆。因此又有“今年麦盖一床被，明年枕着馒头睡”的说法。

冬季天气冷，下的雪往往不易融化，盖在土壤上的雪是比较松软的，里面藏了许多不流动的空气，空气是不传热的，这样就等于给庄稼盖上了一床棉被。外面的天气再冷，下面的温度也不会降得很低。等到寒潮过去以后，天气渐渐回暖，积雪慢慢融化，这样非但保护了庄稼不受冻害，而且雪融下去的水留在土壤里，给庄稼积蓄了很多水，对春耕播种以及庄稼的生长发育都是很有利的。

雪中还含有很多氮的化合物。据观测，如果 1 公升雨水中能含 1.5 毫克的氮化物，那么 1 公升雪中所含氮化物能达 7.5 毫克。在融雪时，这些氮化物被融雪水带到土壤里，又成了很多的肥料。所以说，瑞雪飘飘是丰年的预兆。

晶莹多姿话冰花

在北国江城吉林市，冬、春的清早，常常会出现一种异常美丽的景象，十里江堤，树树冰花，到处是一派玲珑剔透、晶莹多姿的景象，使人叹为奇观，宛如进入童话世界一般。

这冰花又叫树挂，它的形成主要与雾气有关。我们知道，水面与江边多雾，在冬、春季节，温度很低，甚至在 0℃以下，但雾中水滴仍保持液态，并未冻成冰晶。一旦这种过于冷却的雾滴通过树枝时，就与树枝相碰，冻在了树枝上。如果雾滴小，雾滴的温度又特别低，冻结就很快。这时在树枝上的冻结物，往往是由许多小颗粒冰珠所组成，各颗粒间含有空气间隙，所以在光线照射下呈银白色；如果雾滴较大，雾滴的温度较高，那么冻结时热量不易发散，就有一部分呈液体在树枝上漫流，然后再渐渐冻结，所以冻结物也形成较透明的冰层，覆盖在树枝外，好像罩上了一层晶莹的冰甲；有时，雾滴的水分会蒸发化汽，水汽转而在冰甲上凝结起来，使冰甲表面出现晶状雾凇，呈毛茸茸的白色结晶，很像霜花。不管是哪一种情形，统称为冰花。

风力等级咋划分

我们在自然课里已经了解了风的形成，知道了风的大小、强弱有不同，那么风力又是怎样划分的呢?

中国通常把风力划为：

0 级——无风　海中舰船平静，陆上炊烟直上，风速每秒钟小于 0.2 米。

1 级——软风　寻常渔船略觉摇动，炊烟能够辨出风向，但风向标不能转动。风速每秒钟为 0.3~1.5 米。

2 级——轻风　渔船张帆可随风移行每小时二三公里，人面感觉有风，树叶有微响，风向标转动。风速每秒为 1.6~3.3 米。

3 级——微风　渔船渐觉颠簸，张帆随风移行每小时五六公里，树叶及微枝摇动，旌旗飘展。风速每秒钟为 3.4~5.4 米。

4 级——和风　渔船满帆时倾于一方，地面灰尘纸张可被吹起，树的小枝摇动。风速每秒钟为 5.5~7.9 米。

5 级——清劲风　渔船被迫缩帆，有叶的小树摇摆，内陆的水画有小波。风速每秒钟为 8.0~10.7 米。

6 级——强风　渔船加倍缩帆，捕鱼需注意风险，大树枝摇动，电线鸣叫，举伞困难。风速每秒钟为 10.8~13.8 米。

7 级——疾风　渔船停息港中，海上的渔船抛锚，全树摇动，迎风步行感觉不便。风速每秒钟为 13.9~17.1 米。

8 级——大风　渔船进港避风，微枝折毁，人向前行感觉阻力甚大。风速每秒钟可达 17.2~20.8 米。

9 级——烈风　汽船航行困难，建筑物有小损坏（房草及瓦片被吹开）。风速每秒钟可达 20.8~24.4 米。

10 级——狂风　汽船航行危险，一般陆上少见，可将树木拔起，建筑物损坏较重。风速每秒钟可达 24.5~28.4 米。

11 级——暴风　陆上很少，有则必有重大毁损。风速每秒钟可达 28.5~32.6 米。

12 级——飓风　海浪滔天，陆上极少，摧毁力极大，风速每秒钟可达 32.7~36.9 米。

目前人们在研究风速时，发现对于较大的风速有必要多分几级，已经扩展到 17 级。

凶猛骇人龙卷风

夏日，若是天阴将雨，我们常常会看到天边有个奇怪的家伙在搅动。它上部宽大，直接云端，底部狭细，尖尖地摆动，人们常常把它叫“下龙挂”或“龙吸水”，原因是那家伙的形状很像传说中的龙。其实，这不是龙，它的真名叫龙卷风。

龙卷风十分厉害，它是一个猛烈旋转着的圆形空气柱，它一面旋转，一面朝前移动，里面的风速往往大到每钞钟几十米到百米以上。我们知道，骇人的 12 级大风的风速，每秒钟才 33 米，因此龙卷风的破坏力十分惊人。在陆地上，它可以把人、畜、器物开玩笑般地举到高空，再摔到别处，它可以吹坍房屋，倒拔树木；在海上，它可以卷起巨大的水柱，弄翻船只……

不过，它的范围很小，一般不超过 1 公里。水龙卷的直径通常只有 25~100 米；陆龙卷的直径不过 100~1 000 米。从开始到消失，不过几分钟，最长不过几小时。它移动的路程，最短的只有 30 米，最长的有几百公里。

这样奇怪的龙卷风是怎样产生的呢？它主要来自发展强烈的积雨云。在发展强烈的积雨云中，空气扰动很厉害，里面温度、湿度、风向和风速差别很大。例如下沉气流风速往往达 8 级以上，而上升风速一般只有三四级，这就使积雨云内部空气扰动剧烈，产生旋转作用。当旋转作用增大到一定程度时，就形成了龙卷风。

又如，上下温度相差悬殊，在地面温度是摄氏二十几度；在积雨云底，温度下降到摄氏十几度；到了 4 000 米的高空，温度降为 0℃；而在 8 000 米的高空，温度低到 −30℃以下。冷空气的急速下降，热空气的猛烈上升，上下层空气交替扰动，形成许多小旋涡。这些小旋涡逐渐扩大，上下激荡越发厉害，终于形成了大旋涡，也会形成龙卷风。

天气变化能预报

在很久以前，劳动人民在同大自然的斗争中就已经积累了丰富的预报气象的经验，留传下来许多屡试不爽的谚语。科学发展到今天，人类有了气象卫星，天气预报更不是什么难题了。

我们知道，天气的变化虽然复杂，但它有一定的规律性。天气的变化，主要是由于大规模的空气流动造成的。不但别处流来的空气会影响本地的天气变化，同样，本地的空气流到别处时，也会引起那里的天气变化。各地方的气象台站，均有无线电台的设备，它们每天定时互相通知自己测定的天气变化情况。气象台在收到全国以及国外各地方的气象资料以后，就用各种规定的符号，很快地填列到一张空白地图上去。这样，就把各地方零零碎碎的气象记录，变成一幅各地天气变化情况的气象图了，根据各地天气变化情况，进行周密的研究和分析，就能做出天气预报来。这就是气象图预报方法。

如果把流体力学、热力学等方程组成闭合方程组，按一定条件加以简化，并运用电子计算机进行数值计算，解出有关方程式，得出一定时期内大范围的气象形势演变，这就叫做数值预报方法。此外，还可应用数理统计学原理和方法。主要分析大量历史气象资料，找出天气变化的统计规律，这就是数理统计预报方法。

以上这三种预报方法是互相结合，互相补充的。

地　理

地球年龄有多大

天文学家认为，地球形成的时间，与陨石形成的时间大致相同。他们根据陨石的年龄在45~48亿年之间，于是认为地球的年龄不小于45亿年。1969年，美国阿波罗11号登上月球，根据带回来的月样测得月球的年龄为46亿年，于是大多数科学家认为地球应与月球“同庚”。

地球面积有多大

远在公元前 200 多年，古希腊学者埃拉托色尼第一次用测量的方法推算出地球的大小，他求得地球圆周为 25 万斯台地亚（相当于 39 816 公里）。这个数值已经很接近目前计算出来的地球圆周。随后，科学家们根据实测得知，赤道的半径长 6 378.245 公里，极半径长 6 356.863 公里，平均半径为 6 371.2 公里。知道了半径，就可以根据公式推算出地球的其他数值：地球的赤道圆周长大约是 40 075.696 公里；地球的总面积大约是 51 000 万平方公里。

经线纬线如何定

打开地图或转动地球仪，都可以发现上边很有规律地画了一根根纵横交错的线条，有的是直线，有的是曲线，这些就是经纬线。轮船在大海上航行，飞机在大沙漠和森林上空飞行，要确定出自己当时所处的位置，非靠这些经纬线不可。

那么，这些经纬线是怎样确定的呢？

我们把地球分为南北两半球，从中间分开的这条线圈就是最大纬线圈，地理学上称为赤道，于是我们可以朝着北极和南极的方向，在地球上画很多和赤道平行的线条，这些线叫做纬线。

我们把赤道定为纬线 0°，向南向北各定到 90°，赤道以南叫南纬度，以北叫北纬度，北纬 90° 是北极，南纬 90° 是南极。

从北极到南极，又可以在地球上画很多圆圈，这就是经线。公元 1884 年，各国在华盛顿开了一次国际经度会议，确定通过当时英国伦敦东南郊的格林威治天文台的经线为世界上计算经度的共同起点，即定为经度 0°，也叫本初子午线。从这条线算起，向东向西各分 180°，向东的称为东经，向西的称为西经，所以东经 180° 和西经 180° 实际上是同一条线，一般叫它 180° 经线。

知道了经纬度，根据北京是北纬 39° 54′，经度是 116° 9′，那么即使在空中也可以顺利找到北京的位置。

高原、盆地之形成

假使你置身内蒙古高原，眼见碧草如茵，牛羊肥壮，骑手跨着骏马在扬鞭驰骋，你或许也会忘记这里是高原，而误以为是身在平原呢。即使你知道这就是高原，也不一定想到它的海拔将近 2 000 米，不仅远远超出平原的高度，而且比泰山、庐山、黄山还要更高些。

高原是怎样形成的呢？为什么比平原高这么多？这主要是由于地壳大面积上升的结果。因为地壳不断地缓缓上升，这里的地层没有剧烈的褶皱起伏，保持了平坦的外貌，像是一个大平台，高高耸峙在周围那些因地壳下降而显得低矮的丘陵和平原之上。

号称“世界屋脊”的帕米尔高原和青藏高原也都是由于地壳上升形成的。但是，由于地壳在那里上升速度快，导致许多沟谷也随着迅速下切，把高原面切割得很破碎，使之原来比较平坦的地方出现了千山万壑，看起来与内蒙古高原有些不同了。

我国有许多较大的盆地，如新疆的塔里木、准噶尔、青海的柴达木以及四川盆地，也有许多比转小的盆地，占据着全国总面积的五分之一。

盆地主要也是由于地壳运动形成的。在地壳运动中，地下岩层受到力的作用，变得弯曲或产生了断裂，或者弯曲与断裂同时存在，有些部分隆起，有些部分下降，如果下降的地区被隆起的部分所包围，就奠定了盆地形成的基础。隆起的地方形成环绕盆地的山脉，下降的地方则成为盆地。在地壳运动造成盆地这种地质构造以后，还经过了风、水、阳光、生物等自然力的改造，便形成了今天盆地的风貌。

火山喷发之奥秘

火山总是分布在那些地壳运动比较强烈、地壳比较薄弱的地方。火山喷发是岩浆冲出地面时的现象。平时，岩浆被地壳紧紧包住，地球内部的温度很高，岩浆不能安安静静地停下来，总想冲出去。在地壳结合得比较脆弱的部分，地下受到的压力比周围轻一些，这里的岩浆中的气体和水就有可能分离出来一些，使岩浆的活动力加强，推动岩浆冲出地面。当岩浆冲出地面时，本来约束在岩浆中的气体和水蒸气迅速分离出来，体积急遽膨胀，于是便发生了火山喷发。

洪水更比猛兽凶

人们常把“洪水猛兽”相提并论。其实，猛兽危害人类极其有限，而洪水则不然，它不但可以冲毁田园，淹毙人畜，甚至席卷一切，给人类造成大灾难。

洪水一般出现在多雨季节。雨水降落地面以后，有的渗透到底下去了，有的蒸发到空中去了，还有一部分就顺着地面流，经过小溪、小沟，进入江河。如果在短时间内大量的水流入江河，水量超过了江河的最大输运能力，就会产生洪水，造成水灾。

在中国，一部分地区夏季降雨偏多，洪水容易泛滥，因此称为“汛期”，需要防汛，与洪水作斗争。除了修建加固堤坝等水利工程外，从长远看，应该改造荒山秃岭，多种草树，使雨水渗入地下，减少水土流失，河里的水也就不会猛然上涨了。难怪人们要把森林称作“绿色水库”呢！

世界地理何为最

最高的高原　中国的青藏高原，平均高度为 4 500 米。

最长的山脉　南美洲的安第斯山脉，长度为 8 900 公里。

最高的山峰　中国和尼泊尔交界处的珠穆朗玛峰，高 8 848 米。

最高的火山　智利的图彭加托火山，高 6 800 米。

喷发次数最多的火山　萨尔瓦多的伊萨尔科火山，已喷发 50 多次。

最大的平原　巴西的亚马逊平原，面积近 300 万平方公里。

最大的盆地　刚果盆地，面积近 337 万平方公里。

最低的地方　巴基斯坦和约旦边界的死海，湖面低于地中海海面 392 米。

最大的沙漠　非洲的撒哈拉沙漠，面积为 860 万平方公里。

最长的天然洞穴　美国的猛犸洞，长 240 公里。

最长的海峡　马来半岛和苏门答腊岛间的马六甲海峡，长 1 080 公里。

最大的三角洲　孟加拉国的恒河——布拉马普特拉河三角洲，面积为 5.96 万平方公里。

最大的岛屿　北美洲的格陵兰岛，面积为 217.56 平方公里。

最大的群岛　西太平洋的马来群岛，陆地面积为 247.5 万平方公里。

最大的半岛　中东地区的阿拉伯半岛，面积为 322 万平方公里。

最长的河流　巴西、秘鲁境内的亚马逊河，长 6 751 公里。

落差最大的瀑布　委内瑞拉的安赫尔瀑布，落差 979 米。

最大的湖泊　阿塞拜疆和伊朗边界的里海，面积为 37.1 万平方公里。

世界地名之由来

乌干达的首都坎帕拉，当地语意为“小羚羊之地”。这里原是乌干达国王放牧羊群之地，因而得名。

巴西第二大城市里约热内卢濒临瓜纳巴拉海湾，葡萄牙语为“一月的河”。原来，在 1502 年 1 月，葡萄牙殖民者初到瓜纳巴拉海湾的时候，曾以为这里是一条水源丰富的河流形成的内港，因而取名。

坦桑尼亚的奔巴岛，阿拉伯语意为“绿色小岛”。这里丁香树最多，达 360 万株，为世界之冠。

印度第二大城市孟买，葡萄牙语意为“美丽的海湾”。因该城地处月牙形的海岸上，背靠青山，面临大海而得名。

津巴布韦首都哈拉雷，肖纳语意为“不眠之城”。相传此名是由一酋长的名字转化而来。据传他一直保持警惕，从不睡觉。

爱尔兰首都都柏林，爱尔兰语意为“黑色的池塘”。因从此处入海的利费伊河水带来了威克洛山的泥炭，把港内的海水染成黑色而得名。

比利时最大港口城市安特卫普，弗拉芒语意为“抛断手于河中”。传说古罗马侵略者唆使一个名叫安蒂贡的巨人在当地大肆劫掠，把财富盗运海外。一次，有个名叫布拉博的勇士，力战巨人，断其左手抛入河中，城市据此得名。

坦桑尼亚的多多马城，戈戈族语意为“下陷”。因本地土质疏松，相传有一头大象觅水时陷入泥潭，从此被戈戈族人称为“伊多多米亚”，即“大象下陷之地”。后因口语简化，演化成“多多马”。

坦桑尼亚首都达累斯萨拉姆，阿拉伯语意为“平安之港”。原来，12、13世纪时，阿拉伯人乘船南下，发现这里海湾风平浪静，是天然的避风良港，即取此名。

摩洛哥最大港市达尔贝达，阿拉伯语意为“白屋子”。因为从海上眺望这座城市，上下是碧蓝无垠的天空和海水，中间夹着一条高高低低的白色轮廓线而得此名。

吉布提共和国首都吉布提市，阿法尔语意为“沸腾的蒸锅”。

因为这里气候炎热，全年平均气温 30℃，最高时在 40℃以上，故得此名。

巴基斯坦的白沙瓦市，古梵文语意为“百花之城”，因全城多花、多果、多树木，尤以绚丽多姿的玫瑰为最佳，系群芳之冠。

马里首都巴马科，班巴拉语意为“鳄鱼河”。传说在 500 多年前，这里的河中鳄鱼成群，时常出水伤人，故有此名。

世界地名多美称

伊比利亚半岛的明珠——西班牙的巴塞罗那

多瑙河的明珠——匈牙利的布达佩斯

沙漠明珠——马里的加奥

古埃及国王宝座上的明珠——埃及的菲莱神庙

太平洋上的明珠——波利尼西亚的塔希提岛

印度洋上的明珠——索马里的摩加迪沙

亚得里亚海的明珠——前南斯拉夫的杜布罗夫尼克

安第斯山王冠上的明珠——秘鲁的库斯科

加勒比海的明珠——古巴的哈瓦那

世界屋脊的明珠——中国西藏的布达拉宫

葡萄牙民族的摇篮——吉马良斯

葡萄牙海滩王后——菲格拉达福兹

皇后项链——印度的孟买

绿洲中的绿洲——奥地利的圣吉根

活的生物进化博物馆——厄瓜多尔的加拉帕戈斯群岛

植物的宝库——日本的函馆山

世界民族博览所——美国的纽约

南太平洋的雅典——哥伦比亚的波哥太

地中海的花园港——北非的苏塞

欧洲的首都——比利时的布鲁塞尔

孟加拉湾的门户——孟加拉国的吉大港

工业革命的故乡——英国的曼彻斯特

湖中之王——瑞士的苏黎世湖

欧洲百万富翁都市——瑞士的苏黎世

欧洲屋脊——勃朗峰

东方夏威夷——泰国的芭堤雅海滩

玫瑰花王国——罗马尼亚的克卢日纳波卡

站着的城市——美国的纽约

一些国家有别号

（一）亚洲国家的别号

中国——瓷器之国、丝绸之国

阿富汗——山之国

阿拉伯联合酋长国——油海七珍

巴基斯坦——清真之国

也门——宫殿之国

菲律宾——太平洋果盘、世界椰王

老挝——万象之国

马尔代夫——花环之国

马来西亚——绿色王国、锡和橡胶王国

孟加拉国——黄麻之国

日本——樱花之国

沙特阿拉伯——石油王国

斯里兰卡——宝石之国

泰国——千佛之国、稻米之国

新加坡——花园之国

印度——电影王国

印度尼西亚——千岛之国、火山之国

（二）非洲国家的别号

突尼斯——油橄榄园

利比亚——沙漠之国

塞内加尔——花生之国

几内亚——西非河流之父

塞拉利昂——钻石之国

贝宁——油棕之国

索马里——骆驼之国

肯尼亚——人类摇篮、鸟兽乐园

坦桑尼亚——丁香之国、剑麻之乡

卢旺达——常春之国

刚果——木材之国

扎伊尔——世界原料仓库、中非宝石

马拉维——水乡之国

毛里求斯——阳光之岛、印度洋门户的一把钥匙

苏丹——树胶王国

埃及——金字塔之国

埃塞俄比亚——非洲屋脊、高原之国

佛得角——各大洲的十字路口

加纳——可可之乡

加蓬——森林之国

科摩罗——香精群岛

莱索托——空中王国

摩洛哥——磷酸盐王国

赞比亚——铜矿王国

（三）大洋洲国家的别号

澳大利亚——坐在矿车上的国家、骑在羊背上的国家

巴布亚新几内亚——世界鳄鱼之都

瑙鲁——磷酸盐之国、无土之邦

西萨摩亚——航海者群岛

斐济——南太平洋的十字路口、太平洋上的甜岛

汤加——太阳最先升起的国家

新西兰——畜牧之国

（四）美洲国家的别号

加拿大——枫叶之国

美国——民族熔炉

墨西哥——仙人掌之国

哥斯达黎加——南北美洲野生动植物园、四季长春之国

巴拿马——蝴蝶之国

巴哈马——加勒比的苏黎世

古巴——百港之国

格林纳达——香料之国

厄瓜多尔——赤道国

委内瑞拉——兰花之国

苏里南——森林之国

秘鲁——玉米之国

玻利维亚——高原之国

巴西——咖啡之国

智利——铜矿之国

阿根廷——白银之国

（五）欧洲国家的别号

挪威——万岛之国、半夜太阳之国

瑞典——欧洲锯木场

芬兰——千湖之国

冰岛——冰与火之国、温泉之岛

英国——约翰牛

爱尔兰——绿岛、绿色宝石

荷兰——风车之国、花卉之国

比利时——西欧的十字路口

卢森堡——钢铁之国、红土之国

西班牙——旅游之国、橄榄之国

瑞士——钟表王国、博物馆之国

保加利亚——玫瑰之国

希腊——西方文明的摇篮

阿尔巴尼亚——山鹰之国

奥地利——音乐之邦

法国——奶酪之国

马耳他——地中海的心脏

日本为何称扶桑

扶桑，是日本国的一个别名。我国称日本为扶桑，最早见于《南史·夷貊传下》："齐永元元年（公元 499 年）其国有沙门慧深来至荆州，说扶桑在大汉国东两万余里，地在中国之东，其土多扶桑木，故以为名。"这就是我国称日本为扶桑的缘由。沙门慧深是位僧人，是日本人民较早到中国来的友好的使者之一，他把日本人民的风尚习俗传到中国，如以扶桑皮绩布为衣，擅长养鹿，以乳为酪等。称日本国为扶桑，除上面所说，还有一层意思，就是古代传说扶桑为东海中神木，是太阳所出之处，而日本在中国之东，正是人们想象中太阳升起的地方。

“千湖之国”说芬兰

芬兰共和国位于欧洲北部，西北邻瑞典，北接挪威，东界俄罗斯，西南濒波罗的海，全国面积33.7万平方公里。境内因古代冰河侵蚀而形成的湖泊多达6万余个，内陆水域面积占全国总面积的9%。南部的塞马湖面积达4 400平方公里，是芬兰第一大湖，在欧洲居第五位。芬兰的海岸线曲折蜿蜒，长达1 100公里，沿海有大小岛屿2.8万个。

芬兰国有极其丰富的森林资源。全国有69%的土地被森林覆盖，居欧洲第一位，世界第二位。人均林地达5公顷，人均森林蓄积量近310立方米。有“绿色金库”美称的芬兰，拥有配套成龙的林业机械、先进的纸浆厂和全自动化大型造纸厂。

芬兰有四分之一的地区在北极圈内。人们可以在这里领略到奇特的“极夜”和“极昼”的自然风光。在寒冷而漫长的冬季，有四五十天见不到太阳，而到了短暂的夏季，情况又截然相反，太阳通宵达旦照耀长达73天左右，被称为“不落的太阳”，全国500万人口大部分居住在比较温和的南部。

拥有50万人口的首都赫尔辛基，位于芬兰南端，三面环海，景色秀丽，每年有5个月银装素裹，仲夏白昼长达19小时。城市建筑色调淡雅，居民也不尚奢华，素有“波罗的海的女儿”和“北欧白都”的雅称，每年前来观光的旅客多达数百万。赫尔辛基不仅是芬兰政治、经济和文化中心，也是国际性会议的主要场所之一。

芬兰 1917 年实行独立，历史上曾多次成为大国战争的牺牲品。第二次世界大战后，芬兰积极奉行与一切国家保持友好关系的中立政策。

芬兰 1950 年 10 月与我国建交，是最早与我国建交的欧洲国家之一。建交后两国关系一直正常友好。

和平净土说瑞士

世界上没有燃起战火时间最长的国家要数瑞士了。瑞士被称为当今世界上“和平的净土”。

瑞士为欧洲一个面积较小的国家，国土面积近 4.2 万平方公里，人口约 640 万。它与德国、法国、意大利和奥地利接壤，两次世界大战均免于战祸，已有 600 多年没有发生战争。

瑞士的一位外交家说：“我们 600 多年来没有战争的主要原因是，我们随时都在准备打仗。”在瑞士，无论多小的村庄，至少都有 3 件东西：教堂、咖啡店和靶场。瑞士公民的军事知识非常普及，大家都把学习新的军事知识看做关系到民族、国家生死存亡的大事。第二次世界大战中，希特勒曾 3 次准备入侵瑞士，最后还是放弃了。因为德国人估算到，入侵瑞士至少要死伤 100 万以上的德军，这实在得不偿失。

形形色色之海湖

红海　位于非洲和阿拉伯半岛之间，这里长期生长着茂盛的红色藻类，当这些藻类大量繁殖的时候，水的颜色也变红了，因而叫红海。

黄海　位于渤海和东海之间，长江和黄河支流带来的混浊泥沙使这个海变成黄色，因而叫黄海。

白海　位于北极，是北极海的一部分，在前苏联的科拉半岛附近，这个海全年都被冰雪包围，一片白色，因而叫白海。

绿海　位于伊朗和沙特阿拉伯之间，由于海里生长着大量的藻类，使海水颜色变为美丽的绿色，因而被人们称为绿海。

黑海　位于西亚和欧洲之间，外接博斯普鲁斯海峡，与地中海相连。由于深入欧亚大陆内部，含盐量最高，从远处看海水呈黑褐色，因而被人们称为黑海。

甜湖　原苏联乌拉尔有个奇妙的湖，湖水有甜味，故名。湖水能治风湿病。据科学分析，湖水中含有大量苏打和氯化钠，而苏打是略带甜味的。

妖湖　在原苏联的卡顿山区。当人们走近湖边约二三百米处，就会感到恶心、头晕，如不立即离开就会窒息死亡。原来这湖里不全是水，而有成千上万吨水银，水银蒸气毒性很强，难怪人和动物都要退避三舍。

不沉湖　在地中海占依岛上，这里的石头也会在水面上漂浮。原来此湖水含有某种奇异的矿物质，还带有浓烈的火药味，用其洗澡则有益于健康。

沥青湖　在加勒比海特立尼达岛的丛林中，有条“彼奇湖”。湖内皆沥青，但并不凝固，中心有流动现象，甚至有漩涡。如以日采沥青100吨计，再有200年也不会枯竭。

墨水湖　此湖在非洲阿尔及利亚，湖水由两条小河汇集而成。其中一条河水中含大量腐殖质，另一条河水中含大量铁盐，汇合于湖中之后发生化学变化，形成天然墨水。当地居民需用墨水时只要拿瓶到湖里盛取就是。

火湖　位于北美大巴哈马岛上。夜间荡舟湖上，船桨会激起万点火花，连跃出水面的鱼儿也火星闪烁，奇趣盎然。原来湖中甲藻含有荧光物质，在受到搅动时，发生氧化作用而产生五光十色的火花。

以人命名之首都

巴黎　法国首都，以希腊神话中因掠走海伦而引起特洛伊战争的英俊男子帕里斯（PARIS）命名。

圣马力诺　圣马力诺共和国首都，为纪念该国创始人圣马力诺而命名。

圣地亚哥　智利首都，以西班牙军队的守护神、传教士圣地亚哥名字命名。

乔治敦 圭亚那首都，19 世纪初，英国占领该地期间，为纪念英王乔治三世，将原城改名为乔治敦。

科伦坡 斯里兰卡首都，原名卡兰布港，16 世纪被葡萄牙人改为科伦坡，用以纪念哥伦布。

瓦莱塔 马耳他首都，以指挥欧洲历史上著名的“马耳他”战争的圣约翰骑士团团长瓦莱塔的姓氏命名。

惠灵顿 新西兰首都，以美国海军大将惠灵顿公爵名字命名。

古代方位之名称

现在用东南西北表示地理方位，而我国古代则是以青龙、朱雀、白虎、玄武来代表东南西北。青龙（一作苍龙）以一条腾龙为图案，它是东方之神，代表东方，如东海之滨的青龙镇、青龙河、青龙塔等。朱雀（一作朱鸟）以一只飞鸟为图案，它是南方之神，代表南方，我国许多旧城的南门都冠以朱雀之名。白虎是以一只跃虎为图案，是西方之神，代表西方，古人因“白虎”含有贬义，故常用于禁入要地之名，如白虎厅、白虎堂等。玄武则是以一条蛇缠着乌龟为图案，它是北方之神，代表北方，古代的玄武门、玄武湖都指北面。

中国西湖知多少

中国有许多以西湖命名的风景湖，各具特色。现据可查的资料，除杭州以外，还有：福州西湖、颍州西湖、严州西湖、寿昌西湖、温州西湖、宁波西湖、陨县西湖、成都西湖、铅山西湖、琼州西湖、潮州西湖、雷州西湖、惠州西湖、许州西湖、大名府西湖、吉水西湖、蜀州西湖、桂林西湖、新定西湖、昌平西湖、汉州西湖、婺源西湖、来阳西湖、沔阳西湖、湖州西湖、云南西湖、新成西湖、华县西湖、邛州西湖、宝庆府西湖、邵阳西湖。

三国“赤壁”今何在

三国赤壁之战的地点究竟在哪里？有人说在今湖北省嘉鱼县东北，也有人说在今湖北省蒲圻县西北，长江南岸。此外还有黄岗赤壁、汉阳赤壁和武昌（江夏）赤壁等说法。

近年来，有关专家根据唐代的《元和郡县志》鄂州蒲圻条注：“赤壁山在县西一百二十里，北临大江，其北岸即乌林，与赤壁相对，即周瑜用黄盖策焚曹公舟船败走处”的记载，参证清人吴景旭所著《历代诗话》和《康熙湖广通志》《康熙湖北武昌府志》等书中的有关材料，结合对蒲圻赤壁一带地形的考察，认为三国时发生大战的赤壁应在湖北的蒲圻。

“花果山”和“水帘洞”

关于《西游记》中的花果山和水帘洞的地址，人们只能通过吴承恩的描写去进行推测。

我国目前共有四个花果山和水帘洞。它们是：福建武夷山九曲溪的水帘洞，湖南衡山水帘洞，陕、甘道上的彬县水帘洞，江苏连云港云台山上的水帘洞。然而，据考证，只有连云港云台山上的水帘洞才是《西游汜》中描写的水帘洞。这是因为，连云港的云台山和《西游记》中所记述的花果山极为相似。那儿山势突兀，沟壑平坦，山上山下多杂木鲜花，山里山外尽奇土异石。每当春天来临，云台山上万花齐放，站在山上向东一望，只见茫茫大海之边，一片盐田如银，又加上海上薄雾缭绕，山内飞泉挂瀑，真是个世外桃源。

更有力的证据是，吴承恩是江苏淮安人，而淮安又与连云港近在咫尺，只要稍有闲时，便可来此一游。

“七大洲”名称之来历

几千年前，生活在地中海沿岸的腓尼基人，把地中海以东的地方叫做亚细亚（日出之地），把地中海以西的地方称为欧罗巴（日没之地），亚细亚洲和欧罗巴洲的名称就是从这里来的。

拉丁语“阿非利加”的意思是“阳光灼热”，人们都把那块炎热的大陆称为阿非利加洲。

在 1492~1504 年间，意大利人阿美利加几次航海，最后发现了新大陆，后人就把这块新大陆称为阿美利加洲。美洲的北部称为北美洲；美洲的中部和南部，曾是一些拉丁语国家的殖民地，所以叫拉丁美洲。

古代，希腊人就预料到在南方还有一块美丽的大陆。17 世纪，欧洲人在大洋里找到一块大陆，就叫它澳大利亚（南方大陆），连同邻近的岛屿，就是澳大利亚洲，也叫大洋洲。南极洲即南极所在的大陆，这是真正的南方大陆。

历 史

中国朝代更迭歌

（一）

唐尧虞舜夏商周，春秋战国乱悠悠。

秦汉三国晋统一，南朝北朝是对头。

隋唐五代又十国，宋元明清帝王休。

（二）

夏、商、周，春秋、战国、秦，

西汉、新，公元界限平地分，

东汉、三国、西东晋，南、北朝，

隋、唐、五代、宋、辽、金、元、明、清。

民国寿命短，社会主义气象新。

以上约计——四千二百春。

（三）

炎黄虞夏商，周到战国亡，

秦朝并六国，嬴政称始皇。

楚汉鸿沟界，最后属刘邦，

西汉孕新莽，东汉都洛阳。

末年黄巾出，三国各称王，

西晋变东晋，迁都到建康。

拓拔入中原，国分南北方，

北朝十六国，南朝宋齐梁。

南陈被隋灭，杨广输李唐，

大唐曾改周，武后则天皇。

残唐有五代，伶官舞后庄，

华歆分十国，北宋灭南唐。

金国俘二帝，南宋到苏杭，

蒙主称元朝，最后为明亡。

明到崇祯帝，大顺立闯王，

金田太平国，时值清道光。

九传至光绪，维新有康梁，

换位至宣统，民国废末皇。

“五四”风雨骤，建国存新纲，

抗日反内战，五星红旗扬。

中国皇帝何为最

中国是封建社会时间较长的国家之一，其间产生了难以计数的皇帝，那么谁堪称皇帝之最呢?

最长命的皇帝　清高宗乾隆皇帝爱新觉罗·弘历，享年88岁。

最短命的皇帝　东汉殇帝，不到一岁即夭折。

即位时年龄最小的皇帝　东汉殇帝，生下刚过100天。

即位时年龄最大的皇帝　武则天，67岁即位；五代十国的荆南王高季兴，即位时也是67岁。

在位时间最长的皇帝　清康熙皇帝，跨62个年头。

在位时间最短的皇帝　金末帝完颜承麟，仅仅一天即战死。

嫔妃最多的皇帝　晋武帝，后宫佳丽达10 000多人。

子女最多的皇帝　清康熙皇帝，有36个儿子，20个女儿。

历代皇后知多少

中国自公元前221年秦始皇称帝以来，到清朝末代皇帝溥仪止，先后出现了494位皇帝。这其中包括死后被追尊帝号者、少数民族政权君主和历代农民起义领袖称帝者，以及封建割据称帝者。皇帝的正妻称为皇后。历代皇帝的皇后一般都是通过一定形式，在一定的场合，由皇帝正式册封的。

在中国历史上，皇后的正式册立是从汉代开始的。由于有的皇帝没有册立皇后，有的皇帝则先后册立过几位皇后，所以，历史上皇帝和皇后的数目是不相等的。

自汉高祖正式册立第一位皇后吕雉开始，到清代宣统皇帝溥仪册立最后一位皇后婉容止，中国历史上共出现名副其实的皇后221人。其中，南北朝时期的皇后最多，有46人；隋朝皇后最少，只有两人。其他朝代的皇后由多到少的顺序是：汉代34人，宋代23人，元代22人，清代19人，唐代和辽代各13人，晋代11位，三国和五代十国时期各10人，西夏和金代各9人。

在这些皇后中，寿命最长的是宋高宗赵构的第二位皇后吴氏，终年83岁。寿命最短的是南北朝时期西魏文帝元宝炬的第二位皇后郁久闾氏，14岁坐上皇后的宝座，16岁便告别了人间。

中国历史上的众多皇后中，唐高宗李治的皇后武则天高人一筹，她31岁时被正式册封为皇后，垂帘听政达35年，在她

67岁的时候又登上了皇帝的宝座，从而成为中国历史上绝无仅有的女皇帝。

历代宰相知多少

中国宰相制度的建立，严格地说，是起源于战国时秦统一六国，建立了中央集权君主专制以后。但嗣后历代的宰相制度并不完全相同，甚至宰相的名称、权限、员额（所设宰相的人数）等，每个朝代，甚或某皇帝任内，都有所变更。如秦、汉、三国时，丞相、相国、三公，都是宰相之职；隋之内史、纳言，唐、宋之中书、门下、尚书三省长官及平章事，均负宰相之责；明清的内阁大学士，也可以说宰相“集团”。

从秦统一六国至清代，逾两千年来，中国历朝的宰相共1551人。

秦代，5人，其中的李斯、赵高是较为人所知的。西汉（附王莽新朝），由萧何开始，共65人。东汉，153人。汉末，曹操曾任丞相。三国，43人，其中司马懿、司马师、司马昭三父子，都先后任曹魏的丞相；诸葛亮，曾任蜀汉丞相。东西晋，40人。南北朝，138人。隋，18人。唐，共337人，宰相人数之多，为历朝之冠，这与李唐王朝统治年限较长有关。五代，50人，其中冯道竟然先后为后唐、后晋、后汉、后周四朝的宰相。辽，83人。北宋、南宋，共133人，奸者如秦桧，忠者如文天祥。

金，42 人。元代，50 人。明，117 人。清代，221 人，徐世昌、袁世凯等，在清末都担任过宰相职责。

“庚子赔款”谁瓜分

义和团运动被中外反动势力联合镇压后，帝国主义以武力强迫清政府签订了《辛丑条约》，攫取赔款 4.5 亿两白银。由于这笔款是付给 1900 年（庚子年）侵华的帝国主义国家的，所以近代史上把这次赔款称为“庚子赔款”。这 4.5 亿两庚子赔款，各国所得数目是：德国 90070 515 两，法国 70 878 240 两，英国 50 620 545 两，日本 34 793 100 两，美国 32 939 055 两，意大利 26 617 005 两，比利时 8 484 345 两，奥匈 4 003920 两，荷兰 782 100 两，西班牙 135 315 两，葡萄牙 92 250 两，瑞典 62 820 两，其他 149 670 两。

4.5 亿两赔款，年息 4 厘，自 1902 年起支付，39 年付清，本息共计 98 223 万两，另外各地方的赔款还有 2270 万两，两项总计 10 亿两以上。清政府的腐败、懦弱，帝国主义的狼子野心，于此可见一斑。

古代为官有“正、邪”

前汉光禄大夫刘向，著有《说苑》三十篇，其中谈到为官之道时，把所有的官员分为十二种，其中有六正六邪，颇能发人深思。

六正高瞻远瞩，防患未然者，“圣”也；虚心尽意，扶善锄恶者，“良”也；夙兴夜寐，进贤不懈者，“忠”也；明察成败，转祸为福者，“智”也；克尽职守，廉洁奉公者，“贞”也；刚直不阿，敢争敢谏者，“直”也。

六邪安官贪禄，不务公事者，“庸”也；溜须拍马，曲意逢迎者，“谀”也；巧言令色，嫉贤妒能者，“奸”也；巧舌如簧，挑拨离间者，“谗”也；专权擅势，结党营私者，“贼”也；幕后指挥，兴风作浪者，“险”也。

中华巾帼第一人

班昭——第一位女史学家

卫铄——第一位女书法家

蔡琰——第一位女诗人

李清照——第一位女词人

冯嫽——第一位女外交家

裘芬——第一位女编辑

韦钰——第一位电子学女博士

张瑞芬——第一位华侨女飞行家

向警予——第一位中共中央女委员

卢天骄——第一位女邮票设计家

郑小瑛——第一位歌剧女指挥

吴贻芳——第一位大学女校长

严珊珊——第一位电影女演员

谢采真——第一位电影女导演

舒绣文——第一位女电影配音演员

丁雪松——新中国第一位女大使

古拉热木——第一位少数民族国际乒乓球女裁判

刘适兰——第一位女子国际象棋大师

田桂英——第一位女火车司机

梁军——第一位女拖拉机手

金雅妹——第一位女留学生

武秀梅——第一位女飞行员

李贞——第一位女将军

开天辟地话“盘古”

我们人类的祖先究竟是从哪里来的？古时候流传着这样一个神话，说的是在开天辟地之前，宇宙不过是混混沌沌的一团气，里面没有光，也没有声音。这时候，出现了一个盘古氏，他用大斧把这一团混沌劈开了，轻的气往上飘，就成了天；重的气往下沉，就成了地。以后，天每天高出一丈，地每天加厚一丈，盘古氏本人每天也长高一丈。这样过了18 000年，天就很高很高，地就很厚很厚，盘古氏当然也成了顶天立地的巨人。后来，盘古氏死了，他的身体的各个部分就分别变成了太阳、月亮、星星、高山、河流、草木等等。

人们虽然不会相信这个神话是真的，但是人们喜欢这个神话，一谈起历史，常常从“盘古开天地”说起。这是因为它象征着人类征服自然的伟大气魄和丰富的创造力。

“三皇五帝”是何人

老年人讲古，常常说“自从盘古开天地，三皇五帝到于今”。“三皇五帝”到底是谁呢？

三皇　是传说中的远古帝王。有六种说法：1. 天皇、地皇、泰皇；2. 天皇、地皇、人皇；3. 伏羲、女祸、神农；4.044 伏羲、神农、祝融；5. 伏羲、神农、共工；6. 燧人、伏羲、神农。这些实际上都是象征性人物，最后一种说法反映了中国原始社会经济生活的发展情况。

五帝　是传说中的上古帝王。有三种说法：1. 黄帝、颛顼、帝喾、唐尧、虞舜；2. 太皞（伏羲）、炎帝（神农）、黄帝、少皞、颛顼；3. 少昊（皞）、颛顼、高辛（帝喾）、唐尧、虞舜。

也有人说是指古代神话中的五位天帝，即东方青帝灵威仰、南方赤帝赤熛怒、中央皇帝含枢纽、西方白帝白招拒、北方黑帝汁光纪。

“炎黄子孙”之由来

面对世人，我们骄傲地称自己是“炎黄子孙”。那么，“炎黄子孙”这一名称是怎么来的呢？

“炎黄”是我国远古时代的两个部族领袖，炎即炎帝，黄即黄帝。据说炎帝姓姜，号烈山氏，一作厉山氏。神话中他牛头人身，因此有人推测，他们这个部族是把牛作为神物加以崇拜的。炎帝族最初生活在姜水流域（今陕西），以后逐渐向东发展到中原地区。也有人说，炎帝是神农氏。黄帝姓姬，号轩辕氏，又号有熊氏。因此有人说，他们这个部族是把熊作为神物加以崇拜的。黄帝族最初居住在北方，后来南下定居在黄河流域，并且有了很大发展。

相传，炎帝族曾经遭到九黎族的攻击。炎帝族向黄帝族求援，双方联合起来，同九黎族展开了一场激烈的大械斗，结果九黎族战败，其首领蚩尤被杀。后来，炎黄联盟发生破裂，甚至有三次大冲突，但是总的趋势来说，他们是互相帮助，彼此取长补短，为创造我国古代的灿烂文化做出了伟大贡献。因此，炎黄被视为我国各族人民的共同祖先，我们自然也就是“炎黄子孙”了。

姓氏起源与发展

我们每个人都有自己的姓，俗称“百家姓”。其实，在明朝时就已经有 3 000 多个姓了。那么，姓是怎么来的呢?

目前多倾向于“图腾”说。原来，原始社会的每一个部落都会选择出某种生物作为自己食物的主要来源，而其他部落便以这种生物名称来称呼这个部落。时间长了，被作为食物主要来源的生物相应减少，随着生产力的发展也使食物更加多样化，于是，部落便禁止本部落人食用这种已经减少的生物，其子孙就把这种使祖先得以生存的生物加工美化，雕刻成形，作为拜物，于是产生了图腾。比如马、牛、梅、李、花、叶、林、皮等图腾都是今天的姓——家族的标志。

在生产进步和人口繁衍的前提下，群体随之发展，原有的图腾又分化出子图腾，而子图腾随之又分化出孙图腾。姓就渐渐多了起来。

所以，我国姓氏的来源，多认为起源于图腾。后来姓氏的增加，则又来自多种原因，归纳有以下几个方面：

1. 在母系氏族社会，以母亲为姓。传说，上古时代神农氏的母亲叫女登，所以那时许多姓氏都有女字旁。如姬、姜、妫、姒等。

2. 以出生地、居住地为姓。如春秋时，齐国公族大夫分住东郭、西郭、南郭、北郭，便产生了东郭、南郭的复姓，郑大夫住在西门，便以西门为姓。

3. 以古国名为姓。夏、商朝有个汪芒国，汪芒的后代乃姓汪；商朝有个在泾渭之间的阮国，其后代则姓阮。

4. 以封地为姓。造父被周武王封到赵地，他的后代便姓赵；周昭王的庶子被封于翁地，因而姓翁；周公旦的儿子被封到邢国为邢侯，他的后代便姓邢。

5. 以官职为姓。古代有五官：司徒、司马、司空、司士、司寇。他们的后代都以这些官职为姓。

6. 天子赐姓。以谥号为姓。如周穆王死了，一个宠姬为了表示哀痛，赐她的后代姓痛；周惠王死后追谥为惠，他的后代便姓惠。

7. 以祖辈的字为姓。如郑国公子偃字子游，其孙便姓游；鲁孝公的儿子子弓区，字子臧，其后代便姓臧。

8. 以神话中的传说为姓。传说舜时有个纳言是天上龙的后代，其子孙便以龙为姓；传说神仙中有个青鸟公，后人便也有姓青鸟的。

9. 因避讳或某种原因改姓。如汉明帝讳“庄”字，凡姓庄的都改姓严；郑和原叫马三保，因“靖难”有功而被赐姓为郑，后他改名为郑和；战国时代田齐襄王法章的后代本姓田，齐国被秦灭了，其子孙不敢姓田而改姓法。

10. 随着历史的发展，民族复杂化，有些姓则是民族语言的译音。如匈奴首领单于的子孙就有不少姓单于。

凡此种种，可见姓不过是一种符号，并没有什么神秘和神圣的内容，因而非要搞什么传宗接代则大可不必。

春秋五霸都是谁

春秋时有五国国力强盛，国君被称为“霸主”。这有两种说法：

1. 齐桓公、晋文公、楚庄王、吴王阖闾、越王勾践。

2. 齐桓公、宋襄公、晋文公、秦穆公、楚庄王。

“三十六计”有哪些

有这样一句成语，叫做“三十六计，走为上计”。那么，什么是“三十六计”呢？

有本小册子，记载这“三十六计”是：瞒天过海、围魏救赵、借刀杀人、以逸待劳、趁火打劫、声东击西、无中生有、暗渡陈仓、隔岸观火、笑里藏刀、李代桃僵、顺手牵羊、打草惊蛇、借尸还魂、调虎离山、欲擒故纵、抛砖引玉、擒贼擒王、釜底抽薪、浑水摸鱼、金蝉脱壳、关门捉贼、远交近攻、假途灭虢、偷梁换柱、指桑骂槐、假痴不癫、上屋抽梯、树上开花、反客为主、美人计、空城计、反间计、苦肉计、连环计、走为上计。

其实，这本小册子的内容并不完全，古人的计策还有增兵减灶、十面埋伏、虚张声势、诱敌深入、疏不间亲、掘坑待虎、缓兵计、疑兵计、拖刀计等。“三十六计”究竟应该包括哪些内容，并没有一个准确的说法，只是古人借太阴六六之数，表示诡计多端或足智多谋而已。后人又加以推演，才形成了不同的解释。

古代称谓多用“下”

陛下　陛是皇宫的台阶。君主时代，臣民对皇帝说话，只能由立在陛下的近臣转告，所以“陛下”成了对皇帝的敬称。

殿下　殿阶下面。臣民对皇后、皇太子或王侯的尊称。

麾下　麾是古代指挥作战用旗，引申为对将帅的尊称。

阁下　旧时书信中对人的敬称，今为外交辞令。

足下　旧时对朋友的尊称。

在下　自己的谦称。

古代儒教有“十义”

“十义”又称“人义”，是战国末期儒者后学根据“五论”之义而演化出来的。关于“十义”的要旨，在《礼记·礼远》篇中有较完整的概括：“何谓人义？父慈，子孝，兄良，弟弟，夫义，妇听，长惠，幼顺，君仁，臣忠，十者谓之十义。”

古代年龄之代称

初岁 一岁的开始。

总角 古代幼女把头发扎成髻，称总角，代幼年。

成童 八九岁，因古代男孩成童时束发为髻，又以“束发”为 15 岁以上代称。

豆蔻 13~15 岁少女。

及笄“笄”是古代妇女盘头用的簪子。及笄，即女子到 15 岁左右，就要把头发簪起，表示已成年。

弱冠 20 曰弱，年少也；冠，帽子也。古代男子到 20 岁左右行冠礼，不到壮年，曰弱冠。

而立 30 岁左右，子曰“二十而立”。

不惑 进入 40 岁，子曰“四十而不惑”。

知命 到了 50 岁，子曰“五十而知天命”。

半百　50岁。

花甲　60年为一甲子年，故称60岁为“花甲”。

古稀　杜甫《曲江》诗：“酒债寻常行处有，人生七十古来稀。”后用古稀作70岁代称。

耄　古称70岁以上皆为耄。

期颐　《礼记·典礼》：“百年为期颐”，“期”是说已到百岁，“颐”是养的意思。

孔明知人堪借鉴

千古名相诸葛亮善于在实践中考察和发现人才，他在《知人性》一书中，曾提出七条知人之道：

一是“问之以是非而观其志”，就是向他提出矛盾的理论观点，看他的辨别能力和坚定性。

二是“穷之以辞辩而观其变”，就是同他反复辩论一个问题，看他的辩才和机智应变的能力。

三是“咨之以计谋而观其识”，就是请他出谋划策，看他审时度势和分析问题的能力。

四是“告之以难而观其勇”，就是把面临的危险告诉他，看他旷勇敢和牺牲精神。

五是“醉之以酒而观其性”，就是开怀畅饮的场合，看他的自持能力和醉酒以后所显示的本性。

六是“临之以利而观其廉”，就是让他接触有利可图的工作，看他是否廉洁奉公，洁身自好。

七是“期之以事而观其信”，就是从同他相约的事务中，看他能否不负所托。

中华古代科学家

我们中华民族，既有悠久的历史，又有灿烂的科学和文化，为世界文明做出了很大的贡献，除举世闻名的四大发明外，还有许多著名的科学家和杰出的科学成就。如：

1. 东汉科学家张衡设计制作了世界上第一台测定地震方位的仪器——地动仪。

2. 北魏农学家贾思勰所写的《齐民要术》，是世界上最早的农学巨著。

3. 东汉医学家华佗配制了“麻沸散”，用来施行外科手术。他是世界上最早采用全身麻醉的医生。他发明的这种麻药在时间上要比西医早 1 600 年左右。

4. 南朝数学家祖冲之，远在 1 500 年以前，就将圆周率的数值确定在 3.1415926 和 3.1415927 之间，这一重大发现比西方早了 1 000 多年。

5. 元代科学家郭守敬，推算出一年有 365.245 天，同地球绕太阳一周的实际时间只相差 26 秒。他编订的《授时历》比现行公历还早 300 年。

6. 明代自然科学家、医学家李时珍所著的《本草纲目》，在植物学分类方面是当时世界上最为先进的。达尔文称它为中国古代的百科全书。

7. 明代科学家宋应星所写的科学技术著作《天工开物》，很早就流传国外，它在日本风行一时，到处传抄，曾印过两种版本，19 世纪还译成法文出版过。

古代状元知多少

据史料记载，我国历史上考中状元的人，从宋建隆元年（公元 960 年）算起，到清光绪三十年（公元 1904 年）最后一科止，近 1 000 年的时间里，总共有 341 人。其中，宋代 106 人，元代 32 人，明代 89 人，清代 114 人。

汉字何时传日本

日文中吸收汉字相当可观，现在一般通用的汉字即有 3 500 个。汉字何时传到日本的呢？日本的考古专家从京都发现一面铜镜进一步证实，日本最古老的汉字大约是在公元 5 世纪前后出现的。30 年前，曾在京都市左京区岩仓幡枝町的古坟中出土了一枚中国风格的“四兽镜”，当时没有引起人们注意。最近京都府立乡土资料馆馆长高桥美久二进行再次考察认为，这面铜镜上的文字是日本至今最早的汉字依据。这面四兽镜上刻有“火竟”、“夫火竟”五字，并填以朱色，字迹硬直。高桥美久二经过对粘土层、陪葬物及铜镜设计进行考证，判定这是公元5世纪初叶的遗物。在此之前，日本荷山古坟发现的5世纪末期的铁剑铭被认为是日本最早的汉字。

名 胜

自由女神昂然立

在美国纽约赫德森河口的贝得罗兹岛上，昂然屹立着一尊巨大的自由女神像，被称为“自由照耀世界之神”，也被人们认为是自由理想和美国的象征。

这座自由女神像是 1886 年法国人民为纪念美国独立 100 周年而送给美国人民的珍贵礼物。女神像高达 93 米，矗立在同样高的基座上，基座内部辟有美国移民博物馆。女神像的外表是用约 80 吨重的铜片组成，像内的支架是由艾菲尔设计的，以约重 120 吨的钢骨制成，再用 30 万个铆钉把铜片固定在钢架上。凡乘海轮到纽约来的人，首先见到的就是这座雄伟的自由女神像。她右臂高举火炬，左臂抱着象征美国《独立宣言》的书报，书报上刻着“1776 年 7 月 4 日”（宣言发表日期）的字样，脚上残留着被挣断了的铁链，神态勇毅，气宇轩昂。

自由女神像的设计者是法国杰出的雕塑家佛莱利克·奥古斯特·巴托第。美国南北战争结束后，法国历史学家、著名自由主义者拉布莱伊建议铸造一个铜像，在美国庆祝独立 100 周年之际，赠送给美国人民。他的这个建议在法国社会上得到广泛的支持，致使巴托第产生了建造自由纪念碑的想法。就在这时候，巴托第偶遇一位年轻貌美，且具有女神般魅力的少女布尔耐特，使他决定以布尔耐特为雕像的模特儿，以他自己母亲的脸型为雕像的面貌，来塑造一座自由女神像。1875 年巴托第主持女神像的建造工作。1885 年 6 月 17 日，在美国军舰伊泽尔号的护卫下，自由女神像的构件安全运抵美国纽约港，由 75 名技术工人历时约半年，组装成功。1886 年 10 月 28 日，在美国总统克利夫兰亲自主持下，举行了隆重的自由女神揭幕典礼。从此，这座雄伟的自由女神像就屹立在美国纽约的贝得罗兹岛上，放射着她那自由的光芒。

耶路撒冷之“哭墙”

在三教圣地的耶路撒冷东部的古城游览区，最引人注目的是“哭墙”。墙下部是大石块，上部是砖头大的小石头，传说台基边上砌的一面墙是所罗门国王砌的一座清真寺的台基。因面向西，又名西墙，世界各地犹太人来到以色列，来到耶路撒冷，都要到古城西墙，面墙而哭。所谓哭，其实是念经，念经的声音犹如哭泣。不过也确有人在此哭得很伤心，他们哭民族的不幸，也哭个人命运。

有史以来，犹太人经历了两次罗马帝国的武力镇压，一直在世界各地流浪，处处遭受歧视。尤其是二次世界大战，希特勒推行灭绝犹太人的反动政策，骇人听闻地迫害犹太人，能活下来的犹太人成为幸存者。犹太人为人类做出了杰出的贡献，他们不失自尊心。

哭不是怯懦，哭也是一种反抗。这面墙浸润了多少人真诚祷告的声音，也刻印下整个民族所受的耻辱与灾难。就为这，犹太人才不断到“哭墙”来倾诉自己的感情与心声。

世界上的凯旋门

世界上目前共有七座著名的凯旋门。

法国巴黎凯旋门 位于巴黎市中心星星广场，1836年为纪念拿破仑在奥斯特尔里茨战役中打败俄、奥联军而建。门高49.54米，宽44.82米，外刻法国18、19世纪著名战史浮雕。

德国柏林凯旋门 位于德国柏林菩提树大街西端，1791年为纪念普鲁士王国统一德国而建。门高11米，宽60余米，顶部立女神战车铸像。

意大利罗马三座凯旋门 位于罗马帝国大道，为世界上最早的凯旋门。北边一门为纪念塞维罗皇帝远征波斯国而建；中间一门为纪念蒂都皇帝东征耶路撒冷而建；南边一门为纪念君士坦丁大帝战胜暴君而建。三门以南门为最大。

意大利米兰凯旋门 位于米兰市古城堡旁，1807年为纪念拿破仑征服意大利而建。门高25米，顶矗八匹骏马两名武士青铜兵车铸像。朝鲜平壤凯旋门位于平壤牡丹峰下凯旋广场，1982年为纪念金日成当年投身革命及凯旋回国而建。门高60米，宽52.5米，全部用白色花岗岩砌成，顶为三层歇山屋式结构，门侧有浮雕群像，其规模及恢宏之势，居世界凯旋门之冠。

摩天高楼谁敢当

现代化的大都市都在竞相建筑高楼大厦，大有欲与天公试比高之势。

早在 1931 年落成的纽约市帝国大厦，高达 381 米，一度为世界楼高之最，被誉为“摩天大厦”。在 43 年之后的 1974 年，芝加哥的施尔斯大厦竣工，它比帝国大厦高出 62 米，以 443 米夺冠。而 1996 年在吉隆坡建成的国家石油公司双塔大楼又超过了施尔斯大厦，高达 451.9 米。

据最新资料显示，目前世界第一高楼为 2010 年 1 月 4 日竣工的哈利法塔，位于阿拉伯迪拜，总高 828 米；第二高楼为 2003 年 10 月完工的台北 101 大楼，值得一提的是，大楼内安装了世界最高速电梯，从 1 楼到 89 楼，仅需 39 秒，大楼总高 508 米；第三高楼为环球金融中心，位于中国上海，楼高 492 米；第四高楼为国家石油公司双塔大楼；第五高楼为紫峰大厦，位于中国南京，2009 年建成，高 450 米。

世界各地唐人街

中国盛唐时期，外国来华的使者和商人络绎不绝，西方一些国家也开始同中国建立关系。唐朝声威远播海外，“唐”字与“中国”成为同义词。近代，海外华侨和华裔聚居的城区便被称为“唐人街”。

唐人街　又称“华埠”或“中国城”。不夸张地说，唐人街已遍布全球。

马尼拉唐人街　位于菲律宾马尼拉市，其范围从中国式的牌楼“中菲友谊门”开始，到石门“亲善门”截止的一片街区。那里有许多骑楼式的百货店、金饰店、酒楼、茶馆和戏院等。其中有一条“王彬街”，是为纪念菲律宾华人领袖王彬而命名的。

旧金山唐人街　又称中国城，是美国最大的唐人街，迄今已有130余年的历史了。其范围东至孟金街，南到甫士街，西及云纳士街，北与意大利人聚居区毗邻，四周为山丘环绕，形成矩形地带。从甫士街进唐人街的入口牌楼上，雕刻着孙中山先生书写的题词“天下为公”四个大字，它是唐人街的象征。在聚居区的圣玛丽广场上，矗立着孙中山的不锈钢塑像。华侨和华裔在这里开设餐馆、饮食店，还经营中国刺绣、古玩、中药材等行业，办有同乡会、电影院、华人学校，出版中文报刊。旧金山约有华人7万多人，每逢新春佳节，有耍龙灯、舞狮子、放爆竹等活动，保留了中华民族的传统风俗。

纽约唐人街　位于纽约市曼哈顿区南端，华尔街稍北，包括彼尔街、培耶特街、摩特街等，人口达 8 万多，其规模仅次于旧金山的唐人街。那里还有个孔子广场，广场上有 1.3 丈高的孔子青铜塑像。唐人街有中国风格的店铺五六千家，以餐馆、饮食店居多，茶楼、酒店、中草药店也不少；还有戏院、银行、商行及各种会馆，如氏族宗祠、同乡会馆、行业公会等。

西雅图唐人街　位于美国华盛顿州西雅图市区南部。华裔居民经营的餐厅和茶馆有 30 余家，还有书报社、古玩店和中国武术馆等。平时供市民游憩的地方是“浩然亭”，这是新建的一座中国式亭榭。

悉尼唐人街　位于澳大利亚悉尼市的德臣街，又叫华埠。在那里华人开设的餐馆，商店鳞次栉比，可以买到中国出口的各式食品、服装和工艺品。普通话、广东话、海南活、客家话、潮州话畅行无阻，华人仍保留浓厚的中国风俗。每逢春节，商店悬灯结彩，鞭炮齐鸣，表演龙舞和狮舞等。

风景名胜多美誉

四川　蛾眉山——峨眉天下秀

四川　青城山——青城天下幽

四川　乐山大佛——天下第一大佛

浙江　**雁荡山**——天下奇秀

浙江　**普陀山**——海山第一

杭州　**西湖**——西湖烟雨誉古今

广西　**桂林**——桂林山水甲天下

广西　**阳朔**——阳朔山水甲桂林

安徽　**黄山**——天下第一奇山、黄山归来不看岳

安徽　**九华山**——东南第一山

江西　**庐山**——匡庐奇秀甲天下、匡庐天下奇

陕西　**华山**——奇险天下第一山、自古华山一条路

云南　**石林**——天下第一奇观

湖南　**洞庭湖**——洞庭天下水

湖南　**岳阳楼**——岳阳天下楼

河南　**开封**——汴京富丽天下无

河南　**嵩山少林寺**——天下第一名刹

河北　**山海关**——天下第一关

甘肃　**嘉峪关**——天下第一雄关

云南　**安宁温泉**——天下第一汤

山东　**泰山**——五岳独尊

山东　**济南趵突泉**——天下第一泉

镇江　**北固山**——天下第一江山

名胜古迹世界级

到目前为止，中国一共有14处名胜古迹和自然风景区，被联合国教科文组织《保护世界文化与自然遗产公约》世界遗产委员会列入《世界遗产名录》，它们是：长城、北京故宫、敦煌莫高窟、秦始皇陵(包括兵马俑坑)、周口店北京猿人遗址、泰山、黄山、武陵源、九寨沟、黄龙、承德避暑山庄、孔府及孔庙和孔林、武当山古建筑群和布达拉宫。

国家公园知多少

中国政府自1982年将张家界地区划为中国第一个国家森林公园以来，至今已有20个国家公园。它们是：

缙云山——四川重庆市郊，面积1 400公顷；泸沽湖——云南宁蒗县，面积9 000公顷；鸡足山——云南宾川县，面积1.7万公顷；昆明——云南昆明市，面积14.3万公顷；樟木口岸——西藏日喀则地区，面积500公顷；莲花山——甘肃省临潭、康乐县，面积9 855公顷；崆峒山——甘肃平凉县，面积1 089公顷；天池——新疆阜康县，面积3.8万公顷；张家界——湖南张家界市，面积1.8万公顷；索溪峪——湖南慈利县，面积5 333公顷；九疑山——湖南绥宁县，面积约7 000公顷；大明山——广西武鸣县、马山县、上林县，面积5.28万公顷；天目山——浙江临安县，面积997公顷；皇藏峪——安徽肖县，面积2 047公顷；井冈山——江西井冈山市，面积15 873公顷；庐山——江西九江市，面积30 493公顷；凤凰山——辽宁凤城县，面积3 900公顷；医巫闾山——辽宁北镇县，面积4.8万公顷；牡丹峰——黑龙江省牡丹江市，面积4万公顷；镜泊湖——黑龙江宁安县，面积12万公顷。

文化名城有哪些

国务院1982年、1986年和1995年公布三批共99座国家历史文化名城：

北京、上海、天津；四川：成都、重庆、自贡、宜宾、阆中、乐山、都江堰、泸州；江苏：南京、苏州、扬州、镇江、常熟、徐州、淮安；河南：洛阳、开封、安阳、南阳、商丘、郑州、浚县；陕西：西安、延安、韩城、榆林、咸阳、汉中；广东：广州、潮州、肇庆、佛山、梅州、海康；山东：曲阜、济南、青岛、聊城、邹城、临淄；山西：大同、平遥、新绛、代县、祁县；浙江：杭州、绍兴、宁波、衢州、临海；湖北：江陵、武汉、襄樊、随州、钟祥；云南：昆明、大理、丽江、建水、巍山；河北：承德、保定、正定、邯郸；甘肃：武威、张掖、敦煌、天水；福建：泉州、福州、漳州、长汀；安徽：歙县、寿县、亳州；江西：景德镇、南昌、赣州；西藏：

拉萨、日喀则、江孜；吉林：吉林、集安；湖南：长沙、岳阳；贵州：遵义、镇远；广西：桂林、柳州：新疆：喀什；青海：同仁；海南：琼山；黑龙江：哈尔滨；宁夏：银川；辽宁：沈阳；内蒙古：呼和浩特。

孔庙、孔府与孔林

孔子逝后，被后人尊为“千秋仁义之师，万世人伦之表”。孔庙、孔府与孔林均在孔子的家乡山东省曲阜县，因与孔子有直接关系而闻名天下。

孔庙是历代祭祀孔子的地方。它南接曲阜旧城垣，东与孔府毗邻，是一处规模宏大的古建筑群。孔子逝后，鲁哀公将其故宅改建为庙，以后历代帝王对孔庙不断进行维修和扩建，全庙总面积为327亩，共有殿堂阁庑466间。周围垣墙，配以角楼，殿宇雕梁画栋，庭院古柏苍松。庙内碑刻众多，上自两汉，下迄民国，是我国罕见的大型碑林之一。解放后，其主要殿宇曾多次大修，辟有汉魏六朝碑刻、汉代画像石刻及玉虹楼法帖石刻三个陈列室。

孔府为历代衍圣公的官署和私邸。自汉代起，历代帝王一直尊孔子为圣人，对其嫡系后裔关怀备至，优礼有加。宋代宝元年间将其故宅另建新第，改称衍圣公府。后经明、清多次修建，始成现时规模。现占地240余亩，院落九进，有楼房厅堂463间。

府内珍藏有元、明、清以来数以千计的衣冠剑履、袍笏器皿等，其中元代的七梁冠为国内独有。

孔林亦称圣林，为孔子及其后裔的墓地，在曲阜县城北近郊，占地 3 000 余亩。这里墓冢累累，碑碣林立，石仪成群，有参天的古树两万余株，四季不凋，是一处有名的古老人造园林。

中国七大古城墙

安徽寿县城墙　战国时古都，地处淮河之滨，八公山之阳，古有寿阳、寿春之称。战国末期(公元前 241 年)，寿考烈王迁都于此；西汉时为淮南王国都。以后历代这里多为州、府治所，留下了丰富的文化古迹。

湖北荆州城墙　即湖北江陵县城墙，三国蜀将关羽所筑，原为土城，南宁始建砖墙。元初拆除，明初又建，明末被毁，现城墙为清代重建。

江苏南京城墙　公元 1366 年建造，城垣内侧周长 33 公里，高 14~21 米，有垛口 13 616 个，碉堡 200 个，城墙规模堪称世界第一。南京中华门原是南唐皇城正门，建于 917 年，明代扩建，呈长方形，宽为 90 米，长为 128 米，总面积为 11720 平方米，整个建筑雄伟壮观，是我国古代建筑史上的一个杰作。

陕西西安城墙　明初在唐代城墙的基础上建筑，平面呈长方形，周长 11.9 公里，高 12 米，上宽 12~14 米，下宽 15~18066 米，是中国现存唯一完整的大型城垣。

辽宁兴城城墙　在辽宁兴城县城，整个城墙保存完好，保持明代建筑风格。整个城市像座明代博物馆。山西平遥城墙建于1370年，周长6.3公里，是山西历史最悠久、规模最大的一座县城城墙，是明朝时的形式和构造。

福建崇武城墙　崇武城在福建惠安县南35公里濒海尖岬上。宋元丰元年(1078年)始建，明洪武二十年(1378年)形成城墙，墙围2 456.7米，城基宽5米，高7米，四方设门，上建门楼，是我国至今保存较完好的古代滨海石城之一。

喷珠溅玉水帘洞

《西游记》中的孙悟空，住在花果山水帘洞内，号为齐天大圣。那水帘洞喷珠溅玉而形成水帘，景致非常，令人神往，但那毕竟是神话。其实，在神州大地上，确有许多水帘洞，比较著名的十大水帘洞为：

福建武夷山九曲溪水帘洞、湖南衡山水帘洞、陕西彬县水帘洞、江苏连云港台山水帘洞、河南桐柏县水帘洞、湖北神农架水帘洞、甘肃鲁班乡水帘洞、陕西那县水帘洞、山西娘子关水帘洞、贵州穿洞河水帘洞。

各种各样的奇碑

三绝碑 在四川成都市南郊的武侯祠，有一块蜀丞相诸葛武侯祠堂碑。该碑建于公元809年，由唐朝宰相裴度撰文，著名书法家柳公权书写，名匠鲁建刻字。因文章、书法、镌刻都极精湛，故有“三绝碑”的美称。

戒贪碑 宋太宗登基后，即下令省、道、州、县衙门都竖一石碑，刻上“尔俸尔禄，民膏民脂；下民易虐，上帝难欺”的碑文，以警戒为非作歹受贿贪赃的官吏，故称“戒贪碑”。

记恶碑 唐开元年间，有个太守叫卢央，十分善于治世，效果颇佳。他对待犯法的人，不单是严厉地惩处，而且还把他们违法的情况刻在石碑上，竖立在各自家门前，以时时提醒他们，也让别人引以为戒。如果仍然执迷不悟，那就处以极刑，若能改恶从善，则准予自行销毁。

隐形碑 四川黑龙滩风景区有两块隐形碑，看上去光洁无痕，然而泼上水后，右侧碑石上立即显现出一行行楷书大字，清晰可辨，风格雄劲；左侧碑石上则有一幅墨竹图，神韵飘逸，笔酣墨饱。石碑为何泼上水就会现出字画？至今仍是个谜。

中国古迹何为最

赵州桥　中国最著名的古代石拱桥，它位于河北省赵县，又名安济桥，俗称赵州大石桥。是隋代石匠李春设计并带领群众建造的。

安平桥　中国最长的古桥，又名五里桥，在福建省晋江县西安海镇，跨海与南安县水头镇相连。

乐山大佛　中国最大的佛像，在四川省乐山县城东南凌云山前，为唐开元元年(公元713年)至贞元十九年(公元803年)间依山凿刻而成。像高71米，极其雄伟。

陕西省西安市内的碑林　中国保存古代碑石最多之处，建于宋元祐五年(公元1090年)。少林寺塔林中国最大的塔林，位于河南省登封县西北13公里的少室山阴、五乳峰下。占地面积约21 000多平方米，有唐、宋、金、元、明、清历代古塔230余座。河南嵩山南麓的嵩岳寺塔中国最古老的砖塔，建于北魏正光元年(公元520年)，有15层，高41米。

洛阳白马寺　中国最古的佛教寺院，距今已有1 900余年。

山西大同华严寺的大雄宝殿　中国最大的佛殿，面积1 559平方米。

北京故宫　中国最完整的宫殿，建筑面积15万平方米，迄今已有560余年。

西安钟楼 中国最大的钟楼，每边长 35.5 米，通高 36 米。

北京颐和园长廊 中国最长的游廊，全长 728 米，共 273 间。

山东济宁市铁塔 中国最高的铁塔，高约 24 米。

浙江宁波的天一阁 我国现存最古老的藏书楼，迄今已有 400 多年的历史。

河南登封县的观星台 中国最古的天文建筑，相传周公曾在此立土圭测日影，元代在此旧址重建并保存至今。

甘肃永靖县炳灵寺第 169 窟之壁画 中国最早的壁画，绘于 4 世纪末。

苏州城 中国最古老的城，至今仍保持 2 400 多年前吴王阖闾时兴建的规模。

虎踞龙盘九大关

山海关 在河北省秦皇岛市，是万里长城的起点。形势险要，自古为交通要道，有“天下第一关”之称。

居庸关 旧称军都关、蓟门关，在北京市昌平县西北部，长城要口之一。

紫荆关 在河北省易县紫荆岭上，为河北平原进入太行山的要口之一。

娘子关 在山西省平定县东部，始建于唐初。因平阳公主曾率娘子军驻此，故名。当山西、河北两省要冲，地势险要。

平型关　在山西省繁峙县东北，邻接灵丘县，是长城要口之一，向为晋北交通要道。

雁门关　在山西省代县北部，为长城要口之一。

嘉峪关　在甘肃省嘉峪关市西，嘉峪山东南麓，长城终点。依山筑关，居高凭险，自古为东西交通要道。

武胜关　在河南省信阳县南部，为大别山隘口之一。

友谊关　在广西壮族自治区凭祥市西南，为中国通往越南的交通要口。

幽深莫测十洞天

洞天，意思是洞中别有天地，是道教听说的神仙居住的洞府。据《云笈七签》载，我国有十大洞天。

王屋山洞　亦称小有清虚之天，即山西垣曲、河南济源两县的王屋山。

委羽山洞　亦称大有空明之天，即浙江黄源县的委羽山。西城山洞亦称太玄总真之天，疑是青海的西倾山。

西玄山洞　亦称三元极真之天，即西岳华山。

青城山洞　亦称宝仙九室之天，即四川青城山。

赤城山洞　亦称上清玉平之天，即浙江天台县赤城山。

罗浮山洞　亦称朱明辉真之天，即广东罗浮山。

句曲山洞　亦称金坛华阳之天，即江苏茅山。

林屋山洞　亦称元幽神之天，即江苏吴县西洞庭山。

括巷山洞　亦称成德隐玄之天，即浙江仙居、临海两县间的括苍山。

黄山归来不看岳

中国的“五岳”，均为名山。如果你到了黄山，且细细游览，你也许会得出与古人一样的结论：“黄山归来不看岳。”黄山有四绝：奇松、怪石、云海、温泉。

黄山松形奇特，仰卧曲伸，苍劲挺拔。著名的有迎客松、卧龙松、蒲田松等。

黄山怪石是大自然这一雕刻家留下的杰作，或似人、似物，或似禽、似兽，惟妙惟肖。如“猴子观海”、“仙人下棋”、“犀牛望月”……

黄山云海变幻莫测，时而风平浪静，时而波兴涛涌。逢日出之时，云海之上涌金流银，云蒸霞蔚，堪称奇观。

黄山温泉为42℃，水质透明，其味甘美，可饮可浴。

黄山还有飞瀑流泉，名贵花卉。

苏州园林夺天工

如果说许多名胜佳景是大自然的造化，那么苏州园林则是我们祖先的杰作。苏州名园林立，巧夺天工，拙政园、留园、沧浪亭、狮子林为其代表。

拙政园 布局采取分割空间，利用自然、对比借景等手法吸收传统的绘画艺术，因地造景，景随步移，是具有江南特色的典型名园。

留园 分东、西、中、北四部。中部以水为胜，池居中央，四周环以假山、亭台楼阁、长廊；东部以建筑为主，楼阁廊屋古朴精美；北部竹、梅相间，颇有田园意境；西部以假山为奇，土石相间，堆砌自然。

沧浪亭 景色优美，一泓清水绕园而过，园中以山为主，建筑环山而布。山上小径曲折，林木葱郁，修竹丛生。沧浪亭立于山顶，挺拔峻秀，因此得名。

狮子林 因很多状如狮子的石峰罗列成一座石林而得名。园中东南多山，西北多水，以假山洞壑取胜，园内建筑体现了元朝园林建筑的特色。

世界中古七奇迹

公元前2世纪的七大奇迹：

1. 埃及金字塔

2. 巴比伦的空中花园

3. 奥林匹亚的宙斯塑像

4. 爱菲萨斯的狄安娜神庙

5. 哈力卡尔那斯陵墓

6. 爱琴海的罗得斯铜像

7. 亚历山大灯塔

距今400年前的七大奇迹：

1. 罗马大斗兽场

2. 亚历山大里亚地下陵墓

3. 万里长城

4. 石围圈

5. 南京琉璃塔

6. 比萨斜塔

7. 索非亚大教堂

巍巍艾菲尔铁塔

艾菲尔铁塔位于巴黎市塞纳河南岸马尔斯广场的北端，高320米，重9吨，占地约10 000千方米。塔的最顶端不足100平方米，上下宽窄悬殊，别具一格。平台上设有餐厅、商店和游艺场。铁塔顶部架有天线，为巴黎电视中心。浪漫的法国人称之为“云中牧女”，这是法兰西首都的象征，也是法国人民的骄傲。

铁塔的设计者是化学工程师艾菲尔，他年轻时曾参加巴黎一所有名的工程学校入学考试，因成绩不佳而未被录取。经过他后来勤奋自学，终于成为一名铁路桥梁的“万能工程师”。铁塔刚刚出现在图纸上的时候，曾被视为洪水猛兽，认为修建铁塔是伤害法国的“历史和艺术”，但艾菲尔在各种压力面前毫不动摇。

1887年严冬，铁塔开始破土动工；1889午3月30日，赶在法国大革命100周年举办的“万国博览会”开幕之前竣工了。5月6日博览会开幕，艾菲尔铁塔成为巴黎第一名胜，游人如潮。

如今，铁塔在风雨中屹立了半个多世纪，由于计算精确，它的105多万个铆接孔在组装中没有一个错位，18 000多根铁梁没有一根需要调换。为使铁塔永葆青春，艾菲尔铁塔“新营公司”近年又对铁塔进行了全面整修、加固、刷漆，现在每年可接待5 000万游客参观游览。

七大瀑布飞流悬

世界上有著名的七大瀑布，飞流直泻，气势非凡，它们是：

1. 维多利亚的大瀑布

2. 加拿大、美国交界的尼亚加拉大瀑布

3. 委内瑞拉的安赫尔大瀑布

4. 挪威北部的七姐妹瀑布

5. 美国的明尼赫瀑布

6. 加拿大的新娘的面纱大瀑布

7. 几内亚的新娘的面纱大瀑布

动 物

千奇百怪话鱼类

相貌古怪的鱼 地球上鱼族昌盛，多种多样，有的模样十分古怪，特别是鳐鱼、蝠鲼、海蛾、鼠鱼、四眼鱼等，与陆地上某些动物十分相像。

鳐鱼有的是菱形，有的是圆盘形，身上长着十分尖利的盾鳞，其他动物被它刺伤后，伤口则很难愈合。它的长相有些像鹰，巨大的胸鳍仿佛两翼一般，在水中游行时，会不断地摆动两只“翅膀”，因此鳐鱼又有“水中鹰”之称。

蝠鲼呈菱形，貌似蝙蝠，嘴又宽又大，眼睛能上下瞧东西，头侧有一对头鳍，后边有一条长满硬刺的细长的尾巴。

海蛾是一种小鱼，身体扁平，头部尖长，尾部细长，体外一节节的骨板看起来像一对翅膀。海蛾粗看起来有点像飞蛾，也有点像蜻蜓。

鼠鱼的模样同老鼠相似，产在非洲的西海岸。它灰黄色的身体上嵌着规则的黑色的斑点，鳍和尾巴长得花花绿绿，两只眼睛小得像小米粒一般。

四眼鱼并非四只眼睛，而是每只眼睛分别由一条水平的黑色的带分隔成两半，每只眼睛各有不同的构造，各有自己的焦距，比如上眼能够看到水面的东西，下眼能够看到水里的物体。这种鱼生活在中美洲和南美洲的河流中。

会爬树的鱼　成语有“缘木求鱼”，意思是爬到树上去找鱼，比喻方向不对，不可能达到目的。然而古人不知道，现实中会爬树的鱼是真实存在的。在印度、缅甸和菲律宾的一些河湖中，在旱季河水快要干涸的时候，有一种小鱼就会离开了水，用鳃盖上刺顶着地面，依靠胸鳍和尾巴慢慢爬行，甚至爬到了树上。这种鱼叫攀鲈，那么它为什么能够离开水面呢？这是因为它的鳃旁附生着两个腔室，里边分布了许多微血管，以吸收氧气到血液中。

中国和印度尼西亚、加蓬等国的海岸边，也有一种会爬树的弹涂鱼，它有时离开水面去捕食昆虫和蠕虫，有时干脆爬到高出水面的石头上去晒太阳。弹涂鱼不能总是呆在水里，它必须周期地来到陆地上，否则就会死去。因为它不光用鳃来呼吸，主要还用皮肤来帮助呼吸。

最有趣的是一种叫甲鲶的鱼，它生活在安第斯山区的小河里，依靠吸盘般的嘴和腹鳍下的运动器官，可以缓慢地攀上光秃秃的岩壁。

最“爱斗”的鱼　在中国南方的河流里有一种梭形的扁鱼，叫斗鱼，它长不过7~8厘米，全身浅绿，身上的12条黑色斑纹会发出金黄色的闪光。斗鱼把搏斗当做家常便饭，两条雄鱼碰到一块，必要争斗。它们张开全身的鳍，上下追逐，前躲后闪，缠成一团，拼杀得难解难分，结果不是双方都受重伤，就是一方被咬死。有趣的是斗鱼在争斗时，全身颜色由浅绿先变为红色，再变成红里透紫，最后变成青黑色，斑纹上金色的闪光会更加炫丽夺目。

用嘴孵化的鱼　非洲河流中生活的护送鱼、鲫鱼和天竺鲷等小鱼孵卵的方法很奇特，它们不是靠阳光和水温，也不靠动物的体温，而是用嘴来孵化。非洲鲫鱼产卵受精后，雌鱼就把受精卵吸进嘴里，含在嘴里一星期左右，就在嘴里孵出了小鱼。孵卵期间，雌鱼不吃不喝，以防把卵咽进肚里。小鱼出生后，如遇有危险，它们马上又逃回鱼妈妈的嘴里。

爆裂腹部的鱼　生活在贝加尔湖里的鱼衔，长不过20厘米，雌鱼产鱼时很特别。鱼妈妈怀胎期满的时候，就会从深水区游向水面，由于水的压力比深水小，腹部就膨胀起来，而后突然爆裂，小鱼一下子从肚子里涌出来，悠哉游哉，开始新的生活。不用说，爆裂肚子的鱼妈妈已经为生儿育女而丧命。

人身鱼尾的“美人鱼” 波兰首都华沙的城徽是拿着长剑和盾的“美人鱼”，它成了华沙的守护神。这当然只是神话传说，事实上美人鱼是不存在的。但世界上又确有类似人鱼的动物，它的名字叫儒艮。它的上半部有些像人，头上有两只耷拉着的眼睛，一对鼻孔，腹部长着两个前肢一般的鳍，仿佛人的双手，雌鱼的胸前还鼓起了两个奶头。下半部却像鱼，长长的尾巴呈月牙儿状。儒艮是生活在海里的哺乳动物，每年生育一次，每次产一个“幼儿”。它常常将上身浮出海面，用前肢抱着幼儿在胸前喂奶，因为幼儿在吃奶时，必须把鼻子露出水面呼吸空气，否则便会被闷死。儒艮的外型与它喂奶的情形，你看像不像美人鱼呢?

吃蚊子的鱼 在中国和美洲的河流里有一种柳条鱼，有攫食蚊子幼虫孑孓的独特本领，被称为“食蚊鱼”。食蚊鱼身体细小，只有几厘米长，可它的繁殖能力强，生活能力也强。它可以生活在积水中，也可以生活在死水般的池沼里，这些地方正是孑孓的温床，也是食蚊鱼的用武之地。别看食蚊鱼小，一条食蚊鱼每天可以吃掉成千上万的孑孓呢！

能吃大鱼的小鱼 常说“大鱼吃小鱼，小鱼吃虾米”，这是自然界弱肉强食的规律，可海里偏有不畏强暴的小鱼。一种是叫硬鄂的有毒鱼，它身体虽小，却浑身长满了尖利的棘刺，尖刺能平贴在身上，也能竖立起来。它会故意在鲨鱼面前游来游去，当傲慢的鲨鱼将它一口吞进肚里时，硬鄂鱼便竖起周身的尖刺，在鲨鱼的肚里左冲右撞，边啃边吃，不一会儿就将鲨鱼的胃啃穿，再把两肋啃开，从里边钻了出来。被啃穿胃和肋部的鲨鱼自然也没命了。另外还有两种鳗鱼，一种是沿海的盲鳗，另一种是淡水里的八目鳗，也都是大鱼的克星。它们的口像吸盘一样，吸附在大鱼身上，然后从大鱼的鳃部钻进腹腔，吞吃大鱼的内脏和肌肉。它们会一边吃，一边排泄，直到把大鱼吃光为止。

喷射“水弹”的鱼　在东南亚和澳大利亚的小河里，有一种会喷射水弹的射水鱼，它们假装散漫地游来游去，但眼睛却紧紧注视着落在河边草叶上的昆虫，然后会突然疾速游近目标，撮尖了嘴，向昆虫喷射出一股水弹，猝不及防的昆虫被水弹一击，往往跌落水面，成为射水鱼的美味。射水鱼的本领挺大，只要在一米的距离内，它射出的水弹都可以准确地命中昆虫。

带锯齿的鱼　海洋里有一种体带锯子的锯鳐，它的吻突向前伸出，长有两米，两边长着锐利的锯齿，锯鳐就用它来做捕食和自卫的工具。锯鳐往往用长锯在海底淤泥中翻掘软体动物和贝类来做食物。若碰上鱼群，就把长锯左右挥舞，对鱼儿进行大屠杀，就是碰上大鱼，它也能凶猛地用长锯刺扎鱼腹，把肉撕下来，吞进肚子。

穿“甲胄”的鱼　海洋里有一些穿甲胄的鱼，例如刺纯，它周身长满坚硬的长棘，它的下面互相连接，成了一整块甲板。另外还有虾鱼，全身披着透明的骨板，腹部的边缘像刀一样锐利，

作为保卫自己的武器。大西洋里有一种更奇怪的鱼，头上长着一块像蚌壳般的硬壳，平时硬壳平平地盖在头顶，当遇到危险时，马上撑起盾牌来抵抗，人们就称它为“盾牌鱼”。

当“向导”的鱼　谁都知道鲨鱼十分凶猛，当它追逐鱼群时，一下子能吞掉几十条小鱼，还能咬死和吃掉大鱼，被称为“海上魔王”。然而，在“魔王”身旁，却有着形影不离的小伴侣——向导鱼。它不过30多厘米长，常常在鲨鱼前面或者鳍边游来游去，既敏捷又快速，一点儿也不怕鲨鱼。那么，鲨鱼为什么不吞掉向导鱼呢？原来向导鱼是专门给鲨鱼当向导，让鲨鱼捕获那些猎物。向导鱼还不时进入鲨鱼的嘴里，吃牙缝里的残屑，这会让鲨鱼感到很舒服。它们就这样奇妙地合作着，鲨鱼靠向导鱼领路找食，向导鱼靠鲨鱼残屑过日子，靠鲨鱼来保护自己。

直立游泳的鱼　琉球群岛和南洋群岛沿海的兵儿鲇是独具风格的“游泳家”，游泳姿态跟一般鱼儿完全不同，那苗条的柳叶般的身躯直立着向前游泳，仿佛人们走路一样。中国南海里的小虾鱼，也同兵儿鲇一样，竖立游泳，不过它会变换花样，有时头朝上，有时又来个尾部朝上。

会“飞翔”的鱼　海里有许多会飞翔的鱼，最著名的当数印度洋里的飞鱼。当它从水面跃出，能够在距离水面四五米的空中飞行二三百米远，而且速度快，每百米只需五六秒钟。原来，它有一对又长又大的胸鳍，伸展开来就像鸟的翅膀一样，不过它在飞行中不是依靠扇动胸鳍，而是靠起飞时的惯力滑翔。它还有一对腹鳍，伸展开帮助保持飞行中的平衡。飞鱼的个儿不大，一般是遇到敌害进攻时，才跃出水面飞翔的。此外，墨西哥湾里有一种鲮鲸鱼，重达4吨，笨头笨脑的样子，不过它长有长长的胸鳍，也能够在海面上飞跃；墨西哥湾里还有一种大槽白鱼，又叫银王，一跃就是5米多高，还会在空中表演个“鹞子翻身”，然后进入水中。

有“分身术”的鱼　章鱼是头足类软体动物，有8只长长的触手作为进攻和防御的武器。章鱼喜欢躲在洞穴里，用触手捕捉食物，但也因此遭到敌害的攻击，被敌害咬住触手，向外拖章鱼，此时章鱼不慌不忙，触手上的肌肉痉挛收缩，力量大到能使触手自断下来，而断了的触手还在剧烈地摆动，敌害于是吞下触手，放过了章鱼。这就是章鱼的“分身术”。原来，章鱼的触手通常在五分之四处自断，之后血管自动闭合，不会出血。第二天伤口愈合，并开始生长新的触手，几十分钟后新触手就能长到原触手的三分之一。

与蚌类共生的鱼　北美洲佛罗里达沿岸的天竺鱼，常常藏在海螺的外套腔里，为了觅食，它不时得从寄主体内钻出来。北美洲沿海有一种潜鱼，寄居在珍珠贝内，不美妙的结果是，潜鱼最后会被珍珠贝的珍珠质包围而死。亚洲东北部的河流里有一种鳑鲏鱼，同河蚌密切协作。雌鱼产卵时将产卵管插入河蚌的开缝处，在里边产卵，雄鱼紧接着在蚌边射精，精子随着流水一同被吸进蚌内，使卵受精，在蚌内长成小鱼。当小鱼要离开蚌而去独自求生的时候，蚌就将自己的儿女寄放在小鱼的鳃内，小鱼又成了小蚌的“保姆”了。

夏眠的鱼　非洲、美洲和澳大利亚的江河里，生活着一种奇特的肺鱼，既有鳃，又有肺，长约1~2米。当雨季来临，降水充沛，肺鱼就在江河中用鳃呼吸，十分活跃。到了旱季，降水较稀，生活在沼泽地带的肺鱼不能随意活动了，于是钻进泥地里，把身体卷曲起来，直到尾巴弯到头部为止。这时候，从他们表皮上会渗出一层粘液，使躯体和泥洞间复上一层里衬；它们嘴的四周也由这种粘液结成个圆形漏斗，直通外面，便于肺鱼用肺部呼吸。肺鱼有了这种本领，就开始夏眠——在泥洞里不吃不喝地呆上好几个月。等到雨季来临了，它们便重新回到水里。

施放烟幕的鱼　海里有种与章鱼相似的鱼，叫乌鱼或乌贼。乌贼平时喜欢在海面上漂浮，常常碰到大鱼袭击，逃不脱时，它便使出了看家本领，施放黑色烟幕来摆脱敌害。原来，乌贼体内有一个墨囊，当受袭时，它们便从里边抛出一团黑色的浓液，悬浮在水中，当大鱼碰到时，浓液“爆炸”开来，形成一层浓黑的烟幕。有时，乌贼被大鱼追得甚紧，还会一连串喷出迅速漫散的墨汁，持续十几分钟。最大的乌贼喷出的墨汁，甚至能够把百米范围内的海水染黑。在黑色烟幕的掩护下，敌害不知所措，乌贼便趁机逃走了。会分身术自断触手的章鱼，也有施放烟幕的本领。

最耐热的鱼　在贝加尔湖附近一个47℃的温泉里，发现过一种热水鲫鱼；在美国加利福尼亚州的一个52℃的温泉中，发现过一种叫鲁卡尼热的热水鱼。它们在烫人的热泉中生活的自由自在，而一旦把它们放入冷水环境里反而会冻僵，活不下去。

会"捕老鼠"的鱼　产于中国南海的一种鲇鱼有着独到的捕鼠功夫。它会游到浅滩，把尾巴露出水面装死，岸边的老鼠闻到鱼味，又看到鲇鱼浮而不动，以为是死鱼就前来捕食。当老鼠一来到鲇鱼身边，它就猛地咬住老鼠，把它拖到深水区，等老鼠淹死后美餐一顿。

没有头的鱼　在中国福建同安和山东青岛附近海面，生活着一种珍贵的文昌鱼。它和一般鱼儿不同，没有头，也没有脊椎骨、鳞片和眼睛，身材不过3厘米多长，柔软而半透明。其实，文昌鱼是比鱼类更低等的一种动物，它没有胸鳍和腹鳍，只有尾鳍和臀鳍，因此经常扭动身躯，摆动尾巴来游动。据动物学家考察，文昌鱼是从无脊椎动物进化到脊椎动物的一个中间阶段，它是动物进化史中的"活化石"。

会"钓鱼"的鱼　大西洋海底里生活着一种叫海洋羽毛的鱼，形似一根长长的钓鱼竿，它一头插在海底淤泥上，另一头顶着一只"圆碟"，周围伸出许多触手，成为它"钓鱼"的全套工具。海洋羽毛鱼捕猎的手段十分狡猾，只要周围稍稍有小鱼游来的动静，它的"鱼竿"和"圆碟"就会突然发出蓝光来，小鱼刚游到光亮处觅食，却不防被海洋羽毛鱼的触手缠住，成为美食。

其实，会“钓鱼”的鱼并不止海洋羽毛鱼，鱼安鱼康和穗鳍鱼也是有名的“渔翁”。鱼安鱼康栖息在大西洋和地中海里，常常把圆圆的身躯藏在泥沙里，把头部伸得又长、又软、又能活动的且尖端长着一个发光的穗子的骨线外面当钓竿，引诱小鱼上钩；穗鳍鱼则有更多的骨线作为钓竿，当然每根钓竿上也都有发光的穗子作为鱼饵。因此它们捕食小鱼毫不费力。

会发光的鱼　会发光的鱼有许许多多，如上面我们提到的3种会钓鱼的鱼，但著名的则是星星鱼、电筒鱼、灯眼鱼和灯鱼。玻利维亚的戈郁伯湖里有种星星鱼，长不过十几厘米，它的脊背上有一条狭长而透明的发光壳膜，保护着里边的“发光器”。星星鱼在发光时，要大量吸氧，但是水中缺氧，因而它得常常浮出水面来吸氧，由于它们在水面上不时地上下浮沉，发出的冷光闪闪烁烁，故此人们称它们为“星星鱼”。大西洋里有一种小鱼，长不过15厘米，眼睛下面长有一个白色的“袋”能发出白光，用来吸引和捕食其他小鱼，当它发现危险时，又能自动把光关掉，好像随身携带了一只电筒，因而被称为“电筒鱼”。印度洋里有种灯眼鱼，凸出的两眼下面各有一个能自由活动的大型发光器，时而向外伸出开启发光；时而向内缩进藏在腔内。灯鱼的“发光器”有的左右对称，位于腹部；有的分布在眼的上下部；有的甚至在头上长了个大的发光球，看上去像颗璀璨的明珠。

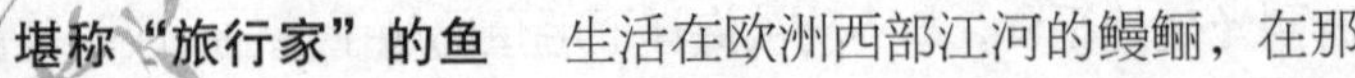

堪称“旅行家”的鱼　生活在欧洲西部江河的鳗鲡，在那

里觅食生长，可是到了每年的产卵期，却成群地踏上征途，要游过浩瀚的大西洋，来到百慕大群岛南部的深海。它们在深达400米的海里产完了卵，并使它受精后，就逐渐死去。卵子漂浮一个时期，就变成了幼鱼。幼鳗回游，进入英国的江河时，已满3岁了。以后，它们的踪迹还能到达冰岛和挪威，或者地中海的摩洛哥等国家。路程远达四五千公里，真是惊人的“旅行家”。堪称“旅行家”的还可提及中国黑龙江、乌苏里江里生长的大马哈鱼，又叫鲑鱼。它们在江河里出生，在海里长大，又回到江河里来产卵。它们一生中，都要往返经历几千里的远航。中国沿海的黄花鱼，每年也要长途旅行，它们随着季节沿海迁徙着。

游得最快的鱼　海豚是游泳能手，时速约六七十公里，可它与剑鱼相比，却是小巫见大巫了。剑鱼是游泳冠军，平均时速约90公里，短距离的时速可达110公里。按游泳速度的记录，依次是剑鱼、金枪鱼、大槽白鱼、飞鱼，然后才轮到海豚。

最大的鱼和最小的鱼　最大的鱼要数暖水海洋中的鲸鲨，它是鲨鱼的一种，身躯跟鲸差不多，比大象还大，一般长约15米，最大的有25米长，体重20多吨。也许有的读者会说，最大的鱼不是鲸鱼吗？最大的蓝鲸长约33米，重达150多吨呢！更大的长须鲸重190多吨呢！但你可知道，鲸鱼其实不是鱼，而是高等的哺乳动物，它是靠肺呼吸的。世界上最小的鱼要数菲律宾湖泊中出产的鱼段虎鱼了，它只有一厘米长，是世界上最小的脊椎动物，而其中一种名叫潘达克的鱼段虎鱼，体长只有7毫米，

相当于一根火柴的六分之一长，体重还不到5克。大鱼鲸鲨的重量是小鱼潘达克重量的400万倍。

形形色色谈鸟类

善走不会飞的鸟　提起鸟类，人们便想到两只飞翔的翅膀，可有一些鸟类徒有翅膀，却不会飞翔。这是以鸵鸟为代表的一些大型鸟类。翼退化不会飞，后肢特别强大，大多数种类趾数减少，适于快速奔走。

非洲鸵鸟是现代鸟类中体型最大的一种。雄鸟高达2.75米，体重50公斤，它们成群生活在非洲荒漠的草原地带，其后肢粗大强健，只有两趾，是趾数最少的鸟。它们奔走起来，一步可跨出7米远的距离，时速可达60公里。头小，眼大，视力敏锐，能准确及时地发现远方的目标。雄鸟黑色的体羽配以白色的翅羽和尾羽，加上肉红色的颈部显得很美丽，雌鸟全身乌灰。鸵鸟力大过人，它的长腿用力一踢，足以踢倒一只猎狗，但性情却非常温顺，容易饲养。非洲甚至有人骑在鸵鸟身上，把它当做脚力。

美洲鸵鸟又称来鸟奥鸟，分布于南美洲的草原地带。体型比非洲鸵鸟小，后肢有3趾，翼虽然呈退化状态，但较非洲鸵鸟发达。

澳洲鸵鸟又称鸸鹋，因雄鸟口中发出“而苗”的叫声而得名。

体型仅次于非洲鸵鸟，是世界第二大鸟，为澳大利亚特产，与袋鼠一起组成澳大利亚国徽的图案。它的后肢也有3趾，头及颈部有短羽。鸸鹋是一种非常容易驯服的动物，中国的许多动物园都有展出。

产于澳洲大陆和伊里安岛上的另一种大型走禽——食火鸡，又名鹤鸵，体高1.8米，体羽黑色，呈粗毛状，裸出的头顶长着一个大而扁平的角质冠，犹如戴着一个头盔，裸出的颈部下面拖垂着赤红色的肉垂。食火鸡的性格暴戾，在中国的部分动物园中有展出。

善游、善潜不会飞的鸟 以企鹅为代表，主要分布在南极洲沿岸和接近南极区域内，南非、南美、澳大利亚、新西兰等地也有分布。它们的翅膀成鳍状，身上的羽毛呈鳞片状，后肢短，趾间具有蹼，善于游泳和潜水，但不会飞翔。企鹅在水下潜游的速度每小时达35公里，但它们在岸上走起路来却步履蹒跚，摇摇摆摆，十分滑稽可笑。遇到危险时，它们能迅速将腹面贴水，后肢快蹬，用鳍状的前肢撑水，以每小时30公里的速度在水上滑行。

现代生存的企鹅接近20种，帝企鹅可算是南极几种企鹅中最大的了。它高可达一米，体重40公斤，腹面白色，背面黑色，体型肥胖，常常昂首腆肚，好像在企望什么，所以叫企鹅。企鹅喜群居，常几十只在一起生活，以水中的鱼、乌贼和甲壳动物为食。它们不畏严寒，即使在−88.3℃的南极最低气温下，依然能够生活得很好。

与帝企鹅相比，栖息在澳洲大陆东南海岸和新西兰西海岸的另一种企鹅，身长仅 15~16 英寸，还不及帝企鹅的一半，因此被人们称为小企鹅。

会“救火”的鸟　在云南西双版纳地区，有种很像乌鸦的鸟，若是某处山林着了火，这种鸟便会飞翔呼叫，召来成千上万只伙伴赶赴失火现场。鸟群先环绕火场四周上方飞翔，然后纷纷向火头最猛烈的地方吐唾液。这种唾液粘性很大，燃烧时有一股恶臭的白雾上升，能覆盖住火势，而且越来越密，将火热一点点压下去。然后，救火鸟群便像飞机俯冲一样，轮番向残火冲击，用嘴叼、用翅膀扑打，有的甚至不惜烧伤毛羽乃至丧失性命。大火扑灭以后，救火鸟群便又聚拢来，呼叫着在失火的山头上绕飞几圈，寻找和召唤受伤或散失的同伴。奇怪的是，受伤的鸟经同类的唾液涂抹后，伤口马上愈合，又能振翅飞上蓝天。

堪称“建筑师”的鸟有些飞鸟是高明的“建筑师”，它们造出来的“建筑物”还真让人赞叹不已呢!

生活在新几内亚的造园鸟不用叫声求偶，雄鸟煞费苦心，用精工建造洞房来吸引雌鸟。这种草棚式的巢安置在树林中小片空地上，雄鸟用唾液和植物的汁液替房子着色；用花朵、贝壳，捡来的骨头作装饰，有时还在周围用苔藓、细枝和石子造一个花园。每只造园鸟所造的洞房都各有特色，有些要用几千根细小树枝和几百件装饰品营造，要费很多天时间才能完成。

生长在澳洲的花亭鸟，平时栖息在树上，一到生殖季节，它们就雌雄结伴共修“花亭”。所谓“花亭”，就是一种用树枝架起的拱形亭子，亭子很大，长度竟达3米，上面还要覆盖树叶和草，这就是花亭鸟自己辛勤修建的“别墅”，也是它们名字的来由。

中国云南西双版纳生长着一种织布鸟，这种鸟做巢很有意思，它们精心选择一些细草、柳树纤维等柔软的材料，像织布一样编织成吊巢，高悬在树枝上，就像空中摇篮，人们称这种巢为“纺织巢”。筑巢的时候，雄鸟在外，雌鸟在里，它们分别从里往外像织布的梭子一样，来回传递筑巢材料，井然有序。

敢同大鸟“搏斗”的鸟　在中美洲和南美洲的热带地区，生活着一种珍奇的小鸟叫霸鹟。霸鹟有好几种，其中著名的是王鸟，又叫必胜鸟，长不过20厘米，却敢于同大鸟相搏斗。如果大鸟来侵犯巢区，它们就奋勇迎击，拼死战斗，不把侵略者驱赶出境绝不罢休，就是碰上比自己大十几倍的猛禽老鹰，它们绝决不害怕。它们向云宵飞冲，飞升到鹰的上空，然后对准目标俯冲下来，用钩形的利嘴啄住老鹰的头或背，老鹰挣扎着把王鸟摔掉，它们又翻飞直上青云，再来一次凌厉的俯冲攻击。老鹰虽然力大，面对王鸟也无可奈何，只好逃之夭夭了。

与蜜獾“合谋”的鸟　在非洲和马来半岛有种小鸟叫导蜜鸟，特别喜欢在野蜂巢的附近栖息。当它见到蜂巢有蜜时就开始鸣叫，鸣叫声招来了它的朋友蜜獾。蜜獾有浓密的长毛和多脂的獾皮，不怕野蜂刺螫，于是爬上树去扯下蜂巢，与导蜜鸟共同分享蜂巢里的甜蜜。

帮鳄鱼“剔牙”的鸟　生活在非洲河里的鳄鱼，吃饱了以后常常安静地爬到岸边，张开大嘴晒太阳，这时就有一群燕千鸟飞进鳄鱼的大嘴里。鳄鱼的大嘴依旧不闭，听任燕千鸟用尖尖的嘴啄去它残留在牙缝里的食物残渣，鳄鱼感到很舒服，与燕千鸟成了好朋友。有时鳄鱼睡熟闭上了嘴巴，飞来的燕千鸟就用翅膀在它嘴边拍打几下，鳄鱼就自动张开大嘴，让燕千鸟到里边去工作。燕千鸟充当了鳄鱼的牙签，因此又叫“牙签鸟”或“鳄鸟”。

给犀牛捉虫的鸟　生活在非洲热带森林和沼泽地区的犀牛十分凶猛威风，当它“牛”性发作时，连虎、豹、狮子等猛兽都要退避三舍的，可它却总是受到蝇、虻等小昆虫的欺负。原来，犀的皮肤有很多皱褶，缝里的皮肤比较薄嫩，一些蝇、虻就钻进去刺螫和吮吸犀牛的血，犀牛又痛又痒，除了往身上滚些泥浆对付蝇、虻外，就只好求助于朋友了。犀牛的朋友叫犀牛鸟，这种黑颜色的小鸟经常成群地栖息在犀牛背上，与犀牛形影不离，在犀牛背上东蹦西跳的帮助除掉袭击犀牛的蝇、虻等昆虫。犀牛鸟在犀牛身上捕食时，听觉也很灵敏，周围一有动静，就“轰”地一下起飞，于是犀牛也会提高警惕。

与犀牛鸟相似的是热带地区的牛鸦，性情凶暴，鸣声尖锐，不时飞到水牛背上，啄食水牛皮肤缝里的寄生虻的幼虫和螨。牛鸦也是水牛欢迎的朋友。

与别人“相伴”的鸟　非洲有种叫蜂虎的小鸟，常常乘坐在鸨的后背上，借着鸨的飞行一路上捕捉昆虫吃。水鸟鹈鹕的头上常常停着一种鸥，津津有味地啄食鹈鹕大嘴里的鱼。更令人惊讶的是，凶猛的海鹫巢中有雀筑巢借住；食蛇鹰的窝内也有小鸟去造巢，小鸟为什么没被它们吃掉，真是个谜。

脖子扭来扭去的鸟　谁都知道，啄木鸟喜欢吃藏在树洞里的虫类和蚂蚁，它的嗅觉很灵敏，隔着层树皮也能嗅出虫类和蚂蚁的踪迹来。可你知道吗，有一种外形很像啄木鸟的扭颈鸟，长不过 20 厘米，长着尖尖的嘴，也爱吃蚂蚁。扭颈鸟同啄木鸟的捕食方法不同，它先破坏蚁巢，等蚂蚁从巢内蜂拥而出，它便将脖子扭来扭去，同时伸出长长的舌头，任意舔食蚂蚁。它的脖子扭起来灵活自如，甚至可以扭上 360 度，扭动时的姿态有点像蛇，连长长地伸出嘴外的舌头也像蛇，还会像蛇一样发出“嘶嘶嘶”的鸣叫声，因此又叫“蛇鸟”。

体重最小的鸟　世界上最小的鸟要称产在美洲的蜂鸟了，它有 600 多种，最大的不过 20 多厘米长，最小的只有胡蜂那么大，两三克重。蜂鸟在树枝或树叶上面筑巢，窝巢只有核桃大，鸟蛋更小，只有豌豆粒大，约重半克。蜂鸟的脑容量大，活力强，有时它会一动不动地停留在空中，仿佛站立在一根无形的支柱上，凭着这悬空定身的本领，它用细长的尖嘴将舌头伸进倒挂的金钟花深处，来吸食花蜜。由于它喜欢甜食，飞行时又发出蜜蜂般的声音，便得了“蜂鸟”的大名，葡萄牙人则送它一雅号：吻花客。蜂鸟虽小，本事却大，每年要飞渡800多公里的墨西哥湾呢！蜂鸟还敢跟侵犯它的山鹰战斗，有时甚至啄瞎山鹰的眼睛，弄得山鹰落荒而逃。

最耐寒的鸟 类科学家们试验证明，最耐寒的鸟类要数北极鸭了，它们能够经受-110℃的寒冷。它们在-100℃的环境里，仍能快活地“呱呱”、“嘎嘎”地叫着，在-110℃的环境里，仍旧能够安静地活着。

被称为“音乐舞蹈家”的鸟 我们知道，孔雀是鸟类中最著名的舞蹈家，开屏的孔雀翩翩起舞，其艳美无与伦比。然而它却不善歌唱，鸣声抑而不扬，听起来“哎——呜——哈，哎——呜——哈”，好像喊话似的。与孔雀相比，生活在澳大利亚热带森林里的琴鸟，可就技出一筹了。琴鸟很少飞行，善于奔跑。雄鸟身躯不长，两翼短而圆，头部是黑褐色的，体羽暗褐中略带灰色，喉部、两翼和尾上的覆羽呈暗棕色，它美丽的长尾巴约70厘米，呈栗色，镶有黑边，共16枚，外侧一对尾羽，顶部弯曲如琴。当它展开尾羽时就现出古琴形状，两边许多弓形的长羽毛，像银丝般闪闪发光，美丽而端庄，它常常展开尾羽，在雌鸟前舞蹈炫耀。同时，琴鸟还有一副美妙的歌喉，不仅歌声动听，还会模仿人的声音呢！在大森林里，常听到琴鸟发出模仿人们伐木和锯木的声音。

“托儿”的鸟 “托儿”的鸟在鸟类中是罕见的，这就是杜鹃，古人把它叫子规，其实它就是催促农事的布谷鸟。杜鹃不会做窝，也不会孵卵，更不会育儿，只会把这些事暗暗托付给别的鸟儿去做。当雌杜鹃快要产卵的时候，就偷偷地飞到苇莺或画眉的窝里，产下自己的一枚蛋后，便把别人的蛋取走一枚，蛋色相似，数目也相等。苇莺或画眉毫不怀疑，开始精心孵化，小杜鹃率先出了蛋壳，它不但吃食多，性情也暴躁，还常常欺负后它出世的“异姓弟妹”，常常把苇莺或画眉的蛋或幼儿挤出窝外跌死。可是，苇莺或画眉母亲却对小杜鹃关怀备至，直到它羽毛丰满毫不留恋地飞走。杜鹃每年产蛋 2~10 枚，分别放在 2~10 只苇莺、画眉等鸟儿的窝里，致 2~10 只苇莺、画眉的小鸟夭折，它是残杀小鸟的阴谋家。然而杜鹃也有功，它是捕捉害虫的能手，比一般小鸟捕虫要多好几倍呢！

会发光的鸟 非洲森林中栖息着一种小鸟叫弯弯米克鲁迪，椭圆形的身躯，全身杏黄色，除了头部和两翅长着羽毛外，身上却比别的鸟多了一层硬壳，里面藏着一个“发光器”，使它成了会发光的鸟儿。“发光器”里含有荧光素和荧光酶，它和一个吸气管相通，从外面不断吸进氧气，经过氧化作用就闪闪发出冷光来。它发的光同萤火虫的光相似，人们就叫它“萤鸟”。非洲的居民喜欢饲养萤鸟，每当外出夜行的时候，手提着萤鸟笼用来照明。

嘴最大的鸟 南美洲亚马逊河河口一带栖息的巨嘴鸟，体

长 70 多厘米，长着一张又粗又壮的大嘴，占了体长的三分之一，真叫人担心它会大头朝下地跌跟头。其实，这种担心是多余的，巨嘴并没有成为巨嘴鸟的繁重负担，恰恰相反，它显得十分灵活。在啄食、整理羽毛或者飞翔的时候，这张嘴能够上下左右，举仰自如。这是怎么一回事呢？原来，这种鸟嘴的构造很特别，中间布满了海绵般的空隙，看起来沉甸甸的，实际上却很轻。

古怪育儿的鸟　生活在东南亚热带丛林里的双角犀鸟，巢居在树洞里，它们的育儿方法可奇怪哩。双角犀鸟每年 1~4 月间产蛋，产在大树洞里。当雌鸟进洞后，雄鸟在洞外就用湿土、粪便、果实渣等混在一起，把树洞堵起来，只留下一个很小的孔洞。雌鸟被禁闭在洞内产蛋，只能把嘴尖从小孔中伸出洞外，接受雄鸟的哺喂。这时候，雄鸟就到处奔波觅食，担负着“养家”的责任。为了多采集些食物，雄鸟还能从自己的砂胃中脱下一层壁膜，吐出来当做“食物袋”，贮存那些采集来的果实，携带起来就方便了。从产蛋、幼鸟孵出、长出羽毛、直到雌鸟啄开洞口，同幼鸟一起从禁闭生活中脱离出来，母亲和孩子都长得又肥硕又丰满，而当爸爸的雄鸟却变得憔悴不堪了。

喂养金鱼的鸟　美国有种云雀，会将捉来的昆虫哺喂金鱼。人们发现，一只云雀衔着小虫飞到金鱼池边，不时在池边走动，在水里游泳的金鱼看到了食物，把头伸出水面，云雀低垂下头将小虫送进金鱼的嘴里。每天云雀都要到池边去几次，只要云雀一出现金鱼就向它游去，幸运的金鱼就这样按时得到了云雀送来的小虫，一直持续好几个月。

云雀为什么要来喂养金鱼呢？科学家做了推测：可能是云雀自己的幼鸟已经死去，当金鱼张开嘴的时候，它就想到了那些饥饿的张着嘴的小鸟。

冰雪中育儿的鸟　生活在南极的王企鹅，找到配偶后，雌企鹅便生下一枚蛋，把它交给雄企鹅，于是暂时告别，又走回海洋觅食去了，雄企鹅从此就担当起育儿的任务来。它双脚将蛋捧住，同下腹部坠下来的肥肉密合在一起，里面的温度因为体温的散发比外界的温度高得多，成了育儿最好的“温床”。南极的狂风呼啸着，长夜漫漫，雪花飘舞，气温骤降到 −50℃以下，雄企鹅昂首伫立在冰上，寸步不移，不吃不喝，依靠体内脂肪的消耗来活命，一直要坚持 60 多天才能够孵出幼儿来。当幼儿快出生时，雌企鹅才从海边归来，从声音中辨认出自己的配偶，来接班育儿。雄企鹅交了“班”，已经精疲力尽，忙奔向海边去觅食。待小企鹅孵化出来了，还得呆在“温床”里，雌企鹅用嗉囊分泌物来喂养它一个多月。企鹅妈妈颤巍巍地像“泰山压顶”般抚育自己的孩子，有的小家伙因受不了这种爱抚而逃跑。有些雌企鹅因为没有自己的孩子，常常将跑出来的幼儿抢来抢去，甚至将小企鹅活活撕碎，或者弄得窒息而死去。

会“种树”的鸟　古诗云：“有意栽花花不发，无心插柳柳成荫。”生活在秘鲁首都利马北部一种叫卡西亚的鸟儿为这句中国古诗作了注解。那里有一片荒芜的土地，从未有过人去种植树木，可人们却惊奇地发现，那里竟然陆续出现了一大片、一大片广阔的森林。这就是卡西亚的杰作。卡西亚有点儿像乌鸦，黑黑的身躯，白色的脑袋上长着长长的嘴巴，它们喜欢吃当地生长的一种甜柳树的叶子。它们在啄食甜柳树叶以前总是先把树的嫩枝咬断，衔着枝叶飞到地上，再用嘴在地上挖个洞眼，将嫩枝插进洞里，然后慢慢地啄食着树叶。甜柳树枝被留在土壤里往往要不了几天工夫就扎根生长起来了，几个月以后就长成近一米高的小树了。卡西亚总是成群地聚在一块啄食甜树叶，一起“插枝”，就这样很自然地栽插了大片大片的柳树林。当地人喜欢它们，把它们称作“植树鸟”。

吃自己羽毛的鸟　中国云南西双版纳的密林里，有一种叫凤头辟鸟鹅的小鸟，它常常奇怪地啄下自己的羽毛，吞进肚子里，这种习性引起了科学家的兴趣。经过观察研究和对它们的羽毛进行化学分析，终于发现，它们充满油脂的羽毛在阳光长时间的照射下会制造出一种维生素来，能够防止软骨病。原来，凤头辟鸟鹅啄食了自己的羽毛会使自己的骨胳更快强壮起来。

会使用“工具”的鸟　栖居在太平洋上的赤道奇岛——加拉帕戈斯群岛上的啄木燕是种灰色的小鸟，喜欢吃小昆虫。它们在树林里飞翔寻找食物的时候，常常用那尖尖的、细长的喙去啄树干，同时将耳朵紧紧贴着树干逐个侦察树干内有无昆虫在里面蠕动。当发现有虫的时候，它就把树皮啄穿找到树孔，从里面啄出小虫来。有时洞孔太深了，细长的喙也无能为力时，啄木燕就用细树枝条来帮忙。如果枝条过长，啄木燕会用喙把它截断。枝条上有丫杈，也会用喙折掉。啄木燕衔着细枝条的一头，把另一头伸进洞里去，左右挑动，将小虫引出来，然后轻而易举把它们啄食掉。啄木燕在树林里飞来飞去，嘴里也总是衔着一根细枝条，细枝条成了它不轻易离身的“法宝”，只是在用喙啄树干时，才小心地把枝条暂时寄放在树缝里。

喜欢“偷东西”的鸟　喜鹊喜欢收集各种有光亮的东西，如钱币、小金属块……它因此得到了一个名号——“偷东西的喜鹊”。斯里兰卡有一种乌鸦，也因为有“偷东西”的癖好而闻名。当地人们晒在室外的手帕、手套，摆在窗口的小东西，只要一转眼，就不翼而飞，有时它们还会闯进房间里，看看有没有自己喜爱的东西，如果有，就毫不客气地衔走了。澳大利亚园丁鸟的巢窝里总是会有各种奇怪的“赃物”：花儿、果子、蘑菇、鹦鹉的羽毛，甚至还有刀、叉、剪刀、牙刷、眼镜、钱币和玩具……像个小小的展览会。人们感到纳闷，园丁鸟“收集”和“偷”走这么多东西干什么用呢？说来有趣，是为了招引雌鸟的到来。

创造“飞行纪录”的鸟　大家都知道雨燕飞得很快，像疾风一样飞掠而过，速度惊人。美索不达米亚的雨燕，人们用雷达测出它飞行的纪录，时速有320公里，短距离的飞行速度更快，当它追捕猎物俯冲时，时速达360公里。苍鹰短距离飞行时速达600多公里。飞得最慢的鸟儿是滑翔中的海鸥，时速只有十几公里。飞得最高的鸟儿要算秃鹰了，它们常常在 7 000 米的高空中飞翔。有一种天鹅，还有飞越世纪最高峰珠穆朗玛峰（海拔 3 848 米）的纪录呢。

有人说飞行距离最长的要算燕鸥了，从南极洲飞到了遥远的北极地区，行程约 17 600 多公里。可它赶不上北极的海洋鸌，海洋鸌每年迁徙往返距离达四五万公里呢！

候鸟并非都南飞

麻雀和喜鹊等鸟儿，我们常年可以见到，所以叫留鸟；啄木鸟和山斑鸠等鸟儿夏天居住在山林里，冬天来到原野上，追逐着食物过着漂泊的生活，所以叫漂鸟；有些鸟儿有种迁徙的习性，跟随着季节的变化而迁移居住的地方，这种鸟儿叫候鸟。

过去很多人都认为，秋天到了，候鸟全部朝南飞，因为南方气候温暖，便于产卵繁殖。其实是不对的，候鸟也有往东、往西，甚至往北飞去的。

往南飞的鸟是多数，或近或远，如大雁、燕子等候鸟，在东北、华北地区繁殖，迁徙到长江以南过冬。飞得稍远的黄隼鸟，夏天在我国境内，冬天则飞到印度、斯里兰卡等地避寒。据统计，世界上迁徙最远的鸟要数北美洲的金鸻和北极的海洋鸌。金鸻是鸟儿中的著名“旅行家”，它能够连续飞行 35 小时，每小时达 90 公里。海洋鸌每年由南极飞回北极，再由北极飞到南极过冬，每年飞返的旅程四五万公里。

波罗的海海边的朱雀就往东飞。每年八月，这种浑身朱红的小鸟就结队集合，飞过伏尔加河、乌拉尔山脉，途经巴拉巴到西伯利亚草原，然后折转方向经过阿尔泰山山脉和蒙古的沙漠草原，一直飞到印度半岛。

由东往西飞的鸟儿也有，主要是针尾野鸭和鸥鸟。

候鸟从南向北飞行的确实不多，当今发现的有绵鸭。这种鸟儿从白海的干达拉克沙地区孵出雏鸟之后，便带领幼鸟往北飞行，最后到达北冰洋过冬。绵鸭喜爱吃鱼、吃藻类和软体动物，而北冰洋确能满足其生活条件，还不受干扰。另外还发现，其他种类鸟儿，如灰雀也会从印度北飞。

科学家们还发现，有些候鸟的迁飞选择的并不是捷径，而是迂回飞行。如黄胸鹀在春季到来时从印度半岛、中南半岛向北飞到西伯利亚，再经过东欧飞到西欧地区，在那儿建巢、产卵和繁殖；到了秋季，黄胸鹀又顺着这条迂回的途径，经由东欧、西伯利亚，最后南迁到印度半岛和中南半岛。

同是乌鸦命不同

在中国，乌鸦除了在马王堆出土的西汉帛画中被誉为“神鸟”外，在民间都因为其貌不扬、叫声嘶哑被视为不祥之物。但是，乌鸦在另一个国度却是另一番景象。在日本，它被奉为“神的使者”，并有祭乌鸦神的习惯，四时被供奉不绝，繁华的东京竟成了乌鸦的天堂，子孙繁衍，数目众多，聒噪之声随处可闻。在佛教盛行的东南亚，因为佛教禁止杀生，乌鸦的命运就更处佳境了。在缅甸、泰国、斯里兰卡和尼泊尔等国，乌鸦都处于神鸟的地位。汽车司机在行车路上遇上乌鸦，也要减速或绕道行驶，佛教徒每年都要为乌鸦举办庙会，宴请乌鸦，并向群鸦顶礼膜拜。在那里，若是乌鸦飞到门前聒噪几声，则犹如中国民间听到喜鹊叫声一样，被认为是喜事将临的吉兆。

中国的鸟类之最

体重最大的鸟　大鸨，别名“地甫鸟”，重量可达 20 多公斤，是世界上能飞翔的鸟类中体重最大的鸟。

体重最小的鸟　黄眉柳莺，重量只有 4 克左右。

产卵最大的鸟　大天鹅，卵重达 7 两。

孵化时间最长的鸟　信天翁，孵化小鸟需 82 天。

孵化时间最短的鸟　锡嘴雀，孵化只需9天，小鸟即可问世。

飞得最快的鸟　针尾雨燕，时速200公里。

在空中呆的时间最长的鸟　楼燕，一年中有9个月在空中飞翔。

小小蚂蚁本领强

堪称“建筑师”的蚂蚁　白蚁大都是破坏者，专门蛀蚀房屋的梁柱，可在非洲和澳大利亚生长的白蚁，却是出色的“建筑师”，它们甚至能够造起很高很高的蚁塔来。白蚁建造的蚁塔有好多种，有的像圆柱形，有的像柱形，也有的像金字塔形……最高竟达7米多，占地100多平方米。一般地蚁塔外壳有50厘米厚，像石头一样坚固，用斧子用力砍都很难留下痕迹来，蚁塔里面分布了许多隧道，曲曲弯弯，长约几百米。

缝叶蚁也是“建筑师”，他们会“缝缀”树叶，从而造出一个奇特的巢，这种巢有足球般大小，一束束地散布在地面上。缝叶蚁筑巢时，先挑选好一张完整的叶片，然后用嘴在两边咬出整齐的孔眼，再把叶片弯曲起来，一只蚂蚁在叶内，一只在叶外，它们把幼虫当“梭子”使用，因为幼虫能分泌出一种粘性的牢固的细丝，就这样将细丝往来穿梭，树叶缝缀起来了，一个完整的巢造成了。

能啃碎石头的蚂蚁　秘鲁有一种蚂蚁，能啃碎石头。成群的这种蚂蚁聚集在大岩石上，半小时后，石头便裂了一条缝隙；过了几天，大石头居然变成两半。原来，这种蚂蚁喜欢吃石粉。它们的生理构造很特别，会分泌出一种腐蚀性非常强的盐类和酸类，不仅能腐蚀石头，使之变成粉末，连钢铁的东西也能够被腐蚀。

会“切叶子”的蚂蚁 北美洲有一种令人讨厌的蚂蚁，叫切叶蚁。切叶蚁成群结队，用锋利的双颌把许多草木，包括各种农作物的叶子切成指甲般大小的碎片，然后衔着碎叶片，排着长长的队列，忙碌地往树根下的巢穴里搬运。有时队伍排出几百米长，浩浩荡荡，它们在干什么呢？原来，它们搬运的并不是食物，而是将叶片细细咀嚼后同泥土拌在一起的肥料，这些是用来“培养”菌类植物的，生长出来的菌子才是它们所需的食品。

会“播种和收获”的蚂蚁 美洲有种奇怪的蚂蚁，除了会采集、搬运和储藏食物外，还有一种令人惊诧的本领——会播种和收获植物，因此人们给它取了个名字，叫“收获蚁”。收获蚁在巢穴附近的地面上匍匐行走，用双颌将野生的杂草“锄”个干净，接着开始“播种”，把那些它们喜爱的植物种子撒在地上。种子从萌芽、生长到结出果实，收获蚁担当了全部的“田间管理”。植物熟了的时候，收获蚁忙碌地进行“收获”，把掉落地面的果实采集起来，搬运回窝。它们一起把果实咬碎，揉成糊状东西，然后放到太阳光下晒干，储藏起来，及早准备好了过冬的食粮。

会使用“工具”的蚂蚁　美国科学家曾经制造了一个人工的透明蚂蚁窝，放在果子冻诱饵的附近，来观察蚂蚁的活动。他们发现，蚂蚁像灵长类动物那样也会使用“劳动工具”。果子冻的香味引来了一批蚂蚁，但它们不马上吃，而是搬来一些小叶片盖在上面；另一批蚂蚁也来到了，但它们是忙碌地将果子冻分别移到碎叶片上面，开始了搬运工作，蚂蚁把这些小叶片运进人工蚁窝内，那里已栖息着蚁后和工蚁。这时，工蚁就将果子冻分别取下，再将叶片搬出窝外。动物学家发现这样的一个有趣的规律：寻食时，好斗的蚂蚁用“格斗”来驱散其他种类蚂蚁，争夺到自己需要的食物；而那些性情温和的蚂蚁，为了竞争到食物，在自然选择中学会了使用“劳动工具”。

乐当“清道夫”的蚂蚁　黑蚁在产卵和繁殖后代的时候需要大量食物，所以就经常在地面上活动，四处寻找。它们专门吃食那些遗弃或死在地面的动物尸体，自己吃饱了后，还把它咬碎搬运回巢，储藏起来。经过它们辛勤“劳动”，地面上的腐烂东西往往被清除得一干二净。于是，人们便称它们“大自然的清道夫”。

分工细致的蚂蚁　在上万只蚂蚁群体里，有一只唯一能产卵的雌蚁王住在蚁巢的中央，它的躯体比它的家庭成员们大得多，它的主要任务是产卵和繁殖，以延续种族。而蚂蚁群体中数量众多的是不能生殖的雌蚁，这些雌蚁又分为工蚁和兵蚁。工蚁负责生产性劳动，专门做窝，采集食物，抚育后代；兵蚁则担任守卫工作，保护蚁王。雄蚁的数量不多，雄蚁同雌蚁王交配后就成为其他昆虫、鸟类的食物，否则工蚁也会把它们当作废物活活咬死。雌蚁王产卵时，工蚁细心地把一个个卵搬到巢中去，孵育和照顾这些后代；兵蚁则在蚁王周围站岗放哨，如果有敌来犯，兵蚁就用坚硬的颚群起同敌搏斗，好让蚁王安安心心、终日不息地产卵。

养尊处优话蜂王

在蜜蜂的大家庭中，雌蜂王是唯一的主宰，其他成员则是雄蜂和工蜂。

雌蜂王体大，生殖器官发育完善，产卵繁殖后代是唯一的本领，能活上四五年。雄蜂多到几百只，它们不会干活，专吃工蜂酿好的蜜，一生的任务也只有一个，那就是同母蜂交配，繁殖后代。晴朗的天气里，雌蜂王意气扬扬，由工蜂簇拥着飞来飞去。雄蜂也闻风而来，追踪飞向高空，但只有一只飞得快的强壮的雄峰能受到雌蜂王的青睐，会在空中进行交配。交配后，雄蜂的生殖器官就脱落在雌蜂王的生殖器官中，不久便死去。而那些得不到机会同雌蜂王交配的雄蜂，虽然暂时保住了生命，却回不了家，它们受到工蜂的驱逐，不是被工蜂咬死，就是被迫流浪。雄蜂不会采集食物，饿得软弱无力时就跌落地面，喂了蚂蚁。

猫与老鼠是天敌

猫一贯仇视老鼠，是老鼠的天敌，这是怎么回事呢？原来，这里有一定的科学道理。多少年来，猫虽早已家养，但其本性仍是“昼伏夜出”，即白天大多数情况下在睡觉，一到晚上却精神抖擞，四处出击，寻觅鼠踪。猫能在夜间有很好的视力，主要靠体内一种叫“牛黄酸”的物质来维持。如果缺乏这种物质，则视力会下降，在微弱光线下无法看清和捉到行踪诡秘的老鼠。而这种“牛黄酸”在老鼠体内最丰富，可以说“只此一家，别无分店”。所以，猫必须时常吃老鼠，补充这方面“营养”，才不致得“夜盲症”。由此看来，那些无鼠可捕的猫或长时间未捕老鼠的猫见了老鼠居然不捕，不是改变了猫性，很可能是患了夜盲症，视力减弱使然。

动物尾巴的功能

本世纪70年代，中国曾上映了一部叫做《决裂》的影片，影片中的那位讲解“马尾巴的功能”的农学院教授被无知的观众们大加嘲笑。其实，应该嘲笑的倒是观众自己。他们岂知在动物世界里，每一种动物的尾巴都是有其功能的。

牛和马的尾巴是自动的掸子和蝇拍，不时甩来甩去，不仅能拂去身上的灰尘，还能驱赶身上的蚊、蝇、虻等害虫。

鹿遇到“敌情”时尾巴高竖，以此向同伴传递信息，这样，可以避免因叫声而暴露自己。

小松鼠的尾巴很大，蓬蓬松松，它从树上跳下时尾巴可当降落伞；晚上睡觉时，把尾巴盖在身上，就是一条高质量的暖和的被子。

啄木鸟用坚硬有力的尾巴支撑身体，啄食树干内的害虫。

大蟒蛇饥饿时，常用尾巴把自己身体一头绕紧在树枝上，另一头缓缓摆动，不慌不忙，搜寻食物。

响尾蛇的尾巴是恐吓器，能发出“嗞嗞”声，威慑敌方不敢靠近。

臭鼬的尾巴往背部卷曲成弓形时能排放出臭气，出其不意攻击敌方。

绵羊的尾巴又粗又肥，里面贮满了脂肪，没有食物时，它就靠尾巴里的脂肪维持生命，几天不吃东西也饿不死。

澳大利亚的大袋鼠，尾巴是它的“支架”，坐下时用尾巴撑住身体，稳如泰山；在快速跳跃时，尾巴又是平衡器和转向器。

世界剧毒之动物

鲍克斯水母 澳大利亚的一种腔肠动物，它们触手上的毒刺在30秒钟内可使人的心脏停止跳动。

蓝圈章鱼 它的体积不大，从触手到躯干末端仅6英寸长，触手中间有一个尖锐的嘴，能注射剧毒的毒液。

巴勒斯坦毒蝎 现已发现蝎子共有1 500多种，巴勒斯坦毒蝎就是《圣经》上提到的那种巨毒蝎子。

斗网蜘蛛 斗网蜘蛛长有能穿透婴儿指甲的尖利毒刺，毒刺中的毒液能在两小时内使人丧生。

里曼巴蛇 一种非洲毒蛇，它的两滴毒液就可置人于死命。

钩形嘴海蛇 这种蛇咬人时几乎无疼痛感觉，但在30分钟内被咬者的肌肉开始僵硬，感到虚弱，直到停止呼吸而死。

大斑蛇 澳大利亚的一种毒蛇，攻击人时迅猛敏捷，当被攻击者还没有来得及反应时，它已用它那半英寸长的毒牙接连咬了3次。

动物中的“数学家”

说来你也许不信，在大自然中，还有许多奇妙的动物“数学家”。

珊瑚虫能在自己身上奇妙地记下“日历”：它们每年在自己的体壁上“刻画”出365条环纹，显然是一天“画”一条。奇怪的是，古生物学家发现，三亿五千万年前的珊瑚虫每年所“画”出的环纹是400条。天文学家告诉我们，当时的地球一天只有21.9小时，一年不是365天，而是400天。可见珊瑚虫能根据天象的变化来“计算”、“记载”一年的时间，结果相当准确。

每天上午，当太阳升起在地平线上时，蜜蜂中的侦察蜂就飞出蜂巢侦察蜜源。回来后，它们用特有的“舞蹈语言”报告花蜜的方位、距离和数量。于是，蜂王便分派工蜂去采蜜。奇妙的是，它们的“模糊数学”相当精确，被派出去的工蜂不多不少，恰好都能吃饱，保证回巢酿蜜。

工蜂建造的蜂巢十分奇妙，它是严格的六角柱状体，它的一端是平端的六角形开口，另一端则是封闭的六角棱锥体的底，由三个相同的菱形组成。18世纪初，法国学者马拉尔棋曾经测量过蜂巢的尺寸，得到一个有趣的数据：组成底盘的菱形的所有钝角等于109° 28′，所有锐角等于70° 32′，后来经过法国数学家克尼格和苏格兰数学家马克洛林从理论上计算，要消耗最少的材料，制成最大的菱形容器，它的角度应该是109° 28′ 和70° 32′，竟和蜂巢的角度一分不差！

蚂蚁的计算本领也十分高明。英国科学家亨斯顿做过一个有趣的实验：他把一只死蚱蜢切成三块，第二块比第一块大一倍，第三块比第二块大一倍，在蚂蚁发现这三块食物40分钟后，聚集在最小块蚱蜢处的蚂蚁有28只；第二块有44只；第三块有89只，后一组差不多较前一组多一倍。

丹顶鹤总是成群结队地迁徙，而且排成“人”字形。这“人”字形的角度总是110°。

植　物

世界上植物之最

最古老的树　中国的银杏树，一亿六千万年前的侏罗纪时期即有此种树。

树冠最大的树　孟加拉的一株榕树，树冠覆盖面积 15 亩，能容 7 000 人在树下乘凉。

最高的树　澳洲的杏仁桉树，一般高百余米，其中一株最高达 155 米。

最矮的树　矮柳，它的茎匐伏在地面上，高不过 5 厘米。

最轻的树　美洲热带森林里的巴沙木，其木材每立方米只植物有 0.1 吨重。

生长最慢的树　前苏联喀拉里沙漠中的一种尔威兹加树，

它的升高速度慢得出奇，100年才长高30厘米。

最硬的树　铁桦树，子弹打上去就像打在厚钢板上一样，比普通钢硬得多，可用来造滚珠轴承。

最粗的树　西西里岛的一株大栗树，树干周长55米，需30人手拉手才能合抱。

最亮的树　北美的魔树，这种树皮富含磷质，能发出萤光，夜晚在树下可以看书。

最大的花　苏门答腊的热带森林里，有一种寄生植物“大王花”，直径最大3~4米，一朵花有6~14公斤重。

最大的种子　非洲东部的一种椰子树，名叫复椰子树或大实椰子树，其果实一个就5公斤多，最重的达15公斤以上。

陆地上最长的植物　中国云南白藤，最长的可达400米。

中国的植物之最

资格最老的植物　银杏树。

最粗的树　西藏自治区的“通麦栋”，直径8米以上。

最古老的藏柏　位于西藏拉萨市东郊，树高52米，围长4.5米，距今有1 000多年。

现存最古老的桑树　福建泉州开元寺的一株桑树，距今已有1 000多年历史，俗称“千年寿星”。

植物最多的省区　云南省素有“植物王国”之称。

最大的鲜花 出口基地云南省。

最大的竹林 公园四川成都望江楼公园，内有竹子 140 多种，占地 170 余亩。

大千世界有奇树

大千世界，无奇不有，树木亦在此列。

泌油树 陕西省有一种树叫白乳木，只要撕破它的叶子或扭断枝条，破损处就会流出白色的油液。这种油可以食用，也可以点灯照明。

木盐树 在黑龙江省和吉林省交界处，有一种木盐树，每到夏季木盐树树干上就凝结起一层雪花似的盐霜，刮下来可当精盐食用。

白菜树 云南临沧县有一种能结白菜的树，这种树只有人的小腿高、手臂粗，能长出比排球还大的白菜。一棵白菜树能结三四棵白菜，砍下后，又能长出新的白菜来。

苏打树 新疆有一种叫异杨的树，它的树皮上、树枝和树窟窿里，有大量纯白色苏打长出，当地居民也叫它“梧桐碱”。

气象树 广西忻城城里有一棵树龄 150 年的青杠树。这种树晴天时树叶呈深绿色；当树叶呈红色时，三天之内就会下雨。雨过天晴，叶子又恢复本色，所以称为“气象树”。

长“珍珠”的树 众所周知，珍珠都是在海洋的蚌壳里生长出来的，有人还称珍珠是“大海的眼睛”。而在南洋群岛上，有一种十分罕见的“珍珠”，它不是生长在海蚌里，却生长在椰子树上。这种“珍珠”，是因种子藏在凹处，经过漫长的岁月使种子逐渐发硬，在外面还长着一层又一层的碳酸钙质，形成一颗“珍珠”。其颜色很像琥珀，十分耀目；其大小犹如樱桃，晶莹圆润。据说，这种“珍珠”要100年才能长成，所以它的价值比生长在大海蚌里的珍珠昂贵得多呢！

会“讲话”的树　肯尼亚有一棵高大的杉树，它生长在基杜依地区一块被认为是“神圣”的土地上。不久前因当地要建造房屋，就将此树砍倒，然后奇迹出现了，砍倒的大树竟然神奇地发出声音，对遭受的侮辱表示抗议。所有的目击者都坚信它在“讲话”，但讲些什么却无法理解。近来，肯尼亚各地的人们及旅游者纷纷涌进基杜依争相观看此树，想亲耳听它“讲话”。有关植物学家对此做了观察和研究，但至今仍不能对此怪异现象做出准确的解释。

独木成林的树　素有“动植物王国皇冠上的绿宝石”美称的西双版纳，是中国热带雨林中面积最大的自然保护区，有不少国内外罕见的珍稀物种。其中有一种榕树，气根发达，蓊蓊郁郁，遮去了大片天空，几乎“独木成林”。

胎生的树　若问植物也有胎生的吗？回答是肯定的，有。在中国广东、福建沿海海滩上的红树林，就具有这种繁育后代的奇怪特性。在红树林茂密的枝条上，挂着一根根木棒似的东西，它们既不是枝条，也不是果实，而是大红树上长出的小红树。原来，红树结实后，种子可直接在树上的果实中萌发。种子的下胚轴呈长棒状，胚脱离果实后，借自身重量下坠，胚的下端长出侧根，将幼苗固定在污泥里并吸收养料。上端抽出的茎叶，形成新的植物，此类植物亦称“胎萌植物”。胎生红树是长期适应海水冲击和海风吹袭的结果。据知，红树不是唯一的胎生植物，中国还有红茄冬、角果木、秋茄树、珠芽蓼、胎生早熟禾等。如生长在中国甘肃、青海、四川、陕西等高山山坡上胎生的早熟禾，它的小穗成熟后，在母体上就发芽长成小苗了。

古木参天知哪些

漫游神州大地，几乎到处可见古树名木，尤其是名山、古刹中的奇树古木更多，与名胜古迹一样，是中国历史的“见证人”，同属于“珍贵文物”。

银杏　银杏树被列为我国一类保护植物。山东莒县宁林寺内有一株古银杏，据传为商代所植，春秋隐公八年（公元前715年），莒子曾会盟树下。这棵银杏高25.4米，树荫盖地面积一亩有余，巨影婆娑，树干需八九人才能合围。再如北京的大觉寺、庐山的黄龙寺，都有古银杏的高大身影。陕西宁强县公路旁，有两棵中国最高大的银杏，一雌一雄。雄树高43米，围长8米；雌树高35米，围长8.8米，盘根错节，重枝叠叶，树龄千年，人称“夫妻树”。

说银杏“古”，还因它有悠久的生命史。银杏始生于25 000万年前的古生代末期的石炭纪，到了14 000万年左右的中生代侏罗纪最为繁盛，遍及全球。后来，由于第四纪冰川的浩劫，世界各地银杏均已绝迹。中国地形复杂，银杏得以幸存，人称“活化石”。

银杏属银杏科落叶乔木，生长缓慢，爷爷种树，到孙辈才能受益，因此又名“公孙树”。它的树叶像一把把小扇子，种子圆形似小杏，核呈银白色，故又称“白果”。白果可炒食或炖食，温肺益气，治痰喘、咳嗽等症。把杏叶放到书柜里，能驱虫防蛀。目前，湖北神农架千家坪尚有成片的野生银杏林；贵州六盘水市附近的银杏林有银杏2 704棵，最大的一棵高30米，围长6.39米，树龄千年以上。它们的存在，为中国研究高等植物及古生物、古气候、古地理，提供了珍贵的实物。

银杉　银杉与银杏同为幸存的遗植物。1956年，广西植物研究所的钟济新等，在花坪自然保护区海拔1 400米的高山峭壁上发现了一种稀有的树木，它躯干魁梧，枝叶扶疏，别有风度。这是什么树呢？经陈焕镛、匡可任两位教授仔细考查了植物家谱，确认它就是被世界各国植物学家认定，很久以前就已经绝迹了的银杉！喜讯传开，世界轰动，人们称之为20世纪植物界的一项重大发现。现在，四川南川金佛山、湖南新宁、贵州道真，也先后发现了银杉的存在。银杉的发现，对于古气候学、古生物学、植物地理学和地质学的研究，都提供了宝贵的“活档案”，具有重大的科学意义。

银杉属松科常绿乔木，高大笔直，叶细如线，叶背近中脉处有两条银灰色的气孔带，它们随风翻飞，银光闪闪，故名银杉。银杉木质细致，是建筑、造船、家具、电杆、矿柱、桅杆等上好用材，深受国内外的珍视，欧美各国纷纷引种。

水杉　水杉起源与恐龙同代。远在 1 000 万年前，那时地球气候温暖，亚洲大陆随处可见银杏、银杉、水杉“孑遗植物三兄弟”的雄姿，后遭冰川时期大劫，被认为“绝种”。1945 年，在中国湖北利川、四川万县和石柱县先后发现了水杉，使世界震惊，国内外纷纷引种。据说 70 年代中国出口的水杉种子，价值抵得上黄金。如今，旅游者在庐山、黄山、峨眉山，都可看到水杉。

苍松翠柏　中国是松柏之国，“红墙衬绿，古庙藏荫”，差不多所有名刹都可见松柏的身姿。北京天坛的九龙柏，由于年深岁久，树皮细胞分裂不均，以致主干从下至上有多条交错突起的凹陷，盘缠绞结如“龙”；江苏吴县“司徒庙”内有四株古柏，因遭受雷击而呈现“清”、“奇”、“古”、“怪”的奇姿。清者，碧郁苍翠，挺拔清秀；奇者，主干折裂，其腹空空；古者，纹理纡绕，古朴苍劲；怪者，卧地三曲，状如蛟龙。著名的黄山迎客松，陕西黄陵县轩辕庙的轩辕柏，都可称为松柏之“最”了。

中华古梅　梅花是中国传统名花中最长寿的木本花卉，是中华古老文明的象征。湖北黄梅县有一棵晋梅，已有 1 600 岁高龄，至今生长不衰；浙江天台山国清寺大雄宝殿东侧，有棵古老的隋梅，相传为章安大师手植，后经专家鉴定，该树龄约800年；昆明黑龙潭紫极玄都观内，现存一棵唐梅，树干直径 18.2 厘米，呈斜卧状，侧枝横生，此树相传为唐开元、天宝年间 (714~756 年) 道安和尚手植，至今已有 1 200 余年高龄；浙江杭州超山大明堂宋梅亭前的古梅，据考证是宋时苏东坡从杭州移至超山，现有宋梅是明代分本，估计也有五六百年高龄；昆明曹溪寺里有株元梅，植于大殿前院中，老梅树干左右分叉横卧，俯仰盘扭，宛若二龙从石中旋出，各成树冠，历经 700 年风雨而不衰。

世事变迁，沧海桑田，祖国大地上留下了多少名木古树？浙江天目山上的“大树王”柳杉；福建泉州开元寺内的古桑；台湾阿里山的“神木”红桧；四川成都杜甫草堂，诗圣手植的罗汉松；北京北海公园的唐槐；河北柏乡县的汉牡丹；塞外古城张家口赐儿山上的元榆；西藏大昭寺文成公主栽下的公主柳；山东夏津县一棵高 16 米、围长 2.15 米的枣树，该树上结 13 种形状各异、风味不同的大枣，最高年产量 850 公斤。据县志载：此树植于唐末，距今已有 1 100 年的历史……

真是古木参天难计数，名树中华第一家。

食虫植物猪笼草

在地球上，动物以植物为食人尽皆知，而植物以动物为食者却鲜为人知。全世界500万种植物中，大约有500多种植物能够“吃”动物。中国有30多种，其中最常见的是海南岛的猪笼草。这类植物又称“食虫植物”，经研究发现，食虫植物大都生长在湿度高、缺乏氮素和各种矿物质的酸性土壤或沼泽地里。在长期自然选择和遗传变异的过程中，这些植物的叶子渐渐变成了各种奇特的“捕虫器”，以捕食、消化昆虫来弥补植物体内营养上的不足。这就是植物食虫性的来历。

食虫植物是如何捕捉昆虫？又是怎样消化、怎样吸收的？原来，它们是“诱捕”。如猪笼草，其瓶状”捕虫器“内有“诱惑腺”，能分泌粘液或蜜汁，用以引诱小虫“上钩”。当昆虫“自投罗网”钻入“瓶”内时，“瓶盖”立即关闭，然后由消化腺分泌出各种酶类消化液，把虫体分解，最后由植物体吸收。研究表明，食虫植物只有在消化动物取得营养后才能开花结实。有的食虫植物，如茅膏菜，想盆栽必须喂肉末，说明食虫已成为此类植物生存的必要条件。

冬虫夏草犹为“草”

在中国四川、青海、云南、贵州等地，生长着一种奇怪的植物，它冬天是虫，夏天是草，被称为“冬虫夏草”。冬虫夏草是“虫”与“草”的结合体。冬虫夏草的生成过程是一个植物消灭动物的奇特过程。有一种属于鳞翅类的昆虫，当它们还处于幼虫阶段时，就已经有一种真菌植物寄生在幼虫的体内。每当冬寒时节，幼虫就躲进土里，真菌在幼虫体内，慢慢把幼虫的内脏吃干净，只剩下幼虫的一层皮，真菌继续自我繁殖，形成一个菌核。一到夏天，菌核从幼虫仅剩皮的头部长出小棍状的东西，形成一个菌座，破土而出。虫体与菌座相连，这就是我们熟知的冬虫夏草了。在植物分类学上，它属于子囊菌纲、肉座目、麦角菌科、虫草属的一种真菌。由于冬虫夏草为野生，自然界十分稀少，因而价格昂贵。为了开发这种补品资源和研制新型抗癌药物，近年北京营养源研究所人工培养已获成功。冬虫夏草以虫身色黄有光泽，丰满肥壮，折断面呈黄白色为好；而菌座则以短小者为佳。

会跳舞的“风流草”

在中国广西，发现了一种会跳舞的植物，这种植物叫舞草，又称“风流草”，属豆科多年生小灌木，高可达 1.5 米，顶小叶大，长约 8 厘米，侧小叶仅 2 厘米，花紫红色，荚果有 5~9 个荚节。舞草跳舞，并非整株植物运动，而是它的一对侧小叶转动，做 360 度的大回环，或做上下摆动。同一株上的小叶在运动时有快有慢，但却颇有节奏，时而两片小叶同时上下合拢，然后又慢慢分开平展；时而一片朝上，另一片朝下；时而许多小叶同时起舞，此起彼落，可谓奇观。

舞草侧小叶的转动，既不像含羞草是由外界刺激引起的；亦不似向日葵有明显的趋光性，而是“我行我素”，别具一格，这在植物界是罕见的。据研究，植物体本身具有磁场、激素、神经，亦有触觉、味觉、听觉和嗅觉，对外界磁场的微小变化都有反应。舞草起舞，主要由于它的细胞对声波振动十分敏感。声音的强弱会促使它的细胞产生不同程度的张缩，于是便产生了各种动作。

华夏大地十名花

1986 年中国评出十大名花：

1. 傲霜斗雪的梅花
2. “国色天香”的牡丹
3. 千姿百态的菊花
4. “天下第一香”的兰花
5. “花中皇后”的月季
6. “花中西施”的杜鹃
7. 富丽堂皇的山茶
8. “出污泥而不染”的荷花
9. 十里飘香的桂花
10. “凌波仙子”水仙花

行家如何评花卉

天下第一香——兰花。

人间第一香——茉莉。

花中二绝——牡丹、芍药。

岁寒三友——松、竹、梅。

园林三宝——树中银杏、花中牡丹、草中兰。

赏花三品——茗赏上、谈赏次、酒赏下。

花中四君子——梅、兰、竹、菊。

花草四雅——兰、菊、水仙、菖蒲。

花间四友——蝶、莺、燕、蜂。

雪中四友——玉梅、水仙、山茶、迎春。

盆树四大家——黄杨、金雀、迎春、绒针柏。

盆山四赏——透、漏、险、瘦。

盆树四美——叶粗、枝密、干粗、根露。

庭园名花八品——玉兰、海棠、牡丹、桂花、翠竹、芭蕉、梅花、兰花。

观赏花卉有学问

养植花卉，为了观赏，而观赏花卉，也是有许多学问的。

品花有三标　准色、香、韵。要求花色艳丽，花味芬芳，花型奇特。

观叶有三要求　枝密叶繁，叶片青绿，叶形奇异。观果有三标准叶茂、果盛、丰硕鲜艳。

观花植物有　月季、海棠、一串红、绣球、菊花等。观叶植物有吊兰、文竹、冬青、小龙柏等。

观果植物有　小石榴、朝天椒、金桔、金枣等。香花植物有茉莉、夜来香、米兰、四季桂等。

居室养花有讲究

花鸟鱼虫，不仅可爱，且能陶冶人的情操，特别是养花，还能美化居室环境。室内养花，究竟摆放多少为好呢？俗话说，“室雅何须大，花香不在多”。一般在 15~20 平方米的居室中，以放置 3~5 盆为宜。因为植物在新陈代谢过程中，有光合和呼吸两大作用。当光照不足时，植物主要显示呼吸作用，放出二氧化碳。特别是在夜间，光合作用基本被抑制了，呼吸作用变得十分强烈，如果室内盆栽植物数量过多，就会使二氧化碳浓度增加，造成一个供氧不足的环境。这不但起不到净化室内空气的作用，相反还会影响人的身体健康。因此，居室不宜多放花。

那么，室内养花的品种要不要选择呢？当然要。要挑选能够吸收有毒气体的花卉，如吊兰、长青藤、文竹、秋海棠等。如养殖有毒花卉时就应该格外注意：水仙花含有对人体有害的石蒜碱，当心勿将花和叶的汁液弄进眼睛里；夜来香可驱蚊，但久放屋内使人精神兴奋，难以静心入睡。

另外，摆放盆花还要防“相克”。有些花卉彼此“水火不容”，一旦长时间摆放在一起，就会相互“残杀”。如铃兰克丁香花；水仙花伴铃兰会“同归于尽”；虞美人与百合花相处会中途夭折；玫瑰花排斥木犀草，而木犀草凋谢前又可放出一种特殊化学物质，使玫瑰中毒而死。

二十四番花信风

我国古代以五日为一候，三候为一个节气。在冬去春来、万物复苏的八个节气二十四候中，每候都可以看到某种花卉绽蕾开花。文人雅士便以花开时吹来的风而取名为花信风，于是就得出了二十四番花信风之论。

据南宋程大昌《演繁露》载：

小寒　一候梅花，二候山茶，三候水仙；

大寒　一候瑞香，二候兰花，三候山矾；

立春　一候迎春，二候樱桃，三候望春；

雨水　一候菜花，二候杏花，三候李花；

惊蛰　一候桃花，二候棠梨，三候蔷薇；

春分　一候海棠，二候梨花，三候木兰；

清明　一候桐花，二候麦花，三候柳花；

谷雨　一候牡丹，二候酴醾，三候楝花。

掌握了二十四番花信风，不仅可以帮助我们利用自然，改造自然，还可以使我们得到文学知识，提高我们的写作水平。

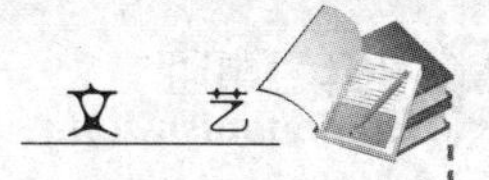

文 艺

古代文艺四大家

初唐文坛四杰　王勃、卢照邻、杨炯、骆宾王。

北宋文坛四大家　欧阳修、王安石、苏轼、黄庭坚。

北宋书法四大家　苏轼、黄鲁直、米元章、蔡京。

元曲四大家　关汉卿、马致远、郑光祖、白朴。

明代江南四大才子　唐伯虎、祝枝山、文征明、周义宾。

楷书四大家　颜真卿、柳公权、欧阳询、赵孟兆页。

四大诗人有雅号

诗仙李白　字太白，号青莲居士。其诗雄奇豪放，想象丰富，充满浪漫主义色彩。贺知章赞其诗时，将他比做下凡的仙人，故被后世誉为“诗仙”。

诗圣杜甫　字子美，自称少陵野老。其诗气势雄浑，绚丽多彩，展现着现实主义情调，具有较高的思想性和艺术性。历代许多诗人都把他的诗奉为典范，尊其为“诗圣”。

诗魔白居易　字乐天，自号香山居士。其诗语言流畅，通俗易懂，“老妪能解”。他写诗异常勤奋刻苦，常常“酒狂又引诗魔发，日午悲吟到日西”，故有“诗魔”之称。

诗鬼李贺　字长吉。其诗构思巧妙，瑰丽新奇。宋魏庆之云：“太白仙才，长吉鬼才”故有“诗鬼”之称。

宋代哲学有“五子”

宋代有五位知名的哲学家，号称“五子”。他们是：周敦颐、程颢、程颐、张载、朱熹。我们常说程朱理学，即源于二程和朱熹。

中国古代“六君子”

1. 宋宁宗时，右丞相赵汝愚被韩侂胄贬黜。庆元元年 (1195 年)，太学生杨宏中、周端朝、张道、林仲麟、蒋傅、徐范六人上书反对，受到“送五百里处编管”的处分。当时号为“六君子”。

2. 宋理宗时，丁大全专横用事，宝佑四年 (1256 年)，太学生刘黻、陈宜中、黄镛、林则祖、曾唯、陈宗等上书指斥他的罪行，被称为“六君子”。

3. 明熹宗时，魏忠贤专权乱政。御史杨涟、魏大中、左光斗、周朝瑞、袁化中、顾大章六人因反对魏忠贤被关入狱，死于狱中，当时号为“六君子”。

4. 天启六年 (1626 年)，魏忠贤又兴大狱，逮捕周起元、缪昌期、黄尊素、高攀龙、周顺昌、李应升、周宗建等。高攀龙投池自杀，周起元等六人被关入狱受酷刑而死，世称“后六君子”，或与高攀龙合称“七君子”。

5. 清末戊戌变法运动失败时，谭嗣同、林旭、杨锐、杨深秀、刘光第、康广仁同遭杀害，世称“戊戌六君子”。

千古不朽“六圣人”

史圣　西汉司马迁，著有《史记》。

草圣　东汉书法家张芝，善章草。

医圣　汉末时期著名医学家张仲景，著有《伤寒杂病论》。

书圣　东晋王羲之，他的字“飘若浮云，矫若惊龙”。

画圣　唐代著名画家吴道子，擅长人物画。

诗圣　唐代大诗人杜甫，代表诗作是《三吏》、《三别》。

汉末魏晋各有“七”

建安七子　指汉末建安时期的作家孔融、陈琳、王粲、徐干、阮瑀、应玚、刘桢七人。曹丕《典论·论文》曾以此七人并举，加以赞扬，故称“建安七子”。又因他们同居邺中，故又称“邺中七子”。

竹林七贤　魏晋间七位文人名士的总称。他们是山涛、阮籍、嵇康、向秀、阮咸、王戎、刘伶。因他们私交甚好，常相约游于竹林，号为“七贤”。

唐宋散文八大家

唐朝文学家韩愈担任过唐朝最高学府的“国子监”的“祭酒”(相当于校长)。他学识渊博，文章写得气势雄健，感情奔放。人们把唐朝、宋朝八位写散文的能手合称“唐宋八大家”，韩愈被列为第一名，代表作《师说》、《杂说四》。

其余七人分别为：唐朝的柳宗元，代表作《捕蛇者说》、《种树郭橐驼传》；宋朝的欧阳修，代表作《醉翁亭记》、《秋声赋》；苏洵，代表作《六国论》、《张益州画像记》；苏轼，代表作《前赤壁赋》、《后赤壁赋》、《石钟山记》等；苏辙，代表作《上枢密韩太尉书》、《游褒禅山记》；曾巩，代表作《越州赵公救灾记》、《墨池记》。

中国最早女作家

中国第一位女史学家　西汉的班昭，她的主要贡献是继承兄志，整理并撰写了“八表”及“天文志”，完成了第一部编年体的史书《汉书》。

中国第一位著名女诗人　汉末的蔡琰，字文姬。著有《悲愤诗》两篇，一为五言，一为骚体，五言体尤为著名。

中国第一位杰出的女词人　南宋的李清照，著有《易安居士文集》7卷、《易安词》6卷。

中国最著名的女弹词作家　清代的陶贞环，她写的长篇弹词《天雨花》，刊于清道光二十一年(1841年)，有30册之多，距今已有140多年。

中国最早的书籍

最早的编年体史书——《春秋》

最早的记传体史书——《史记》

最早的断代史史书——《汉书》

最早的有系统的史学评论著作——《史通》

最早的词典——《尔雅》

最早的字典——《说文解字》

最早的诗歌选集——《诗经》

最早的长诗——《离骚》

最早的小说——《搜神记》

最早的记述人事的笔记小说——《世说新语》

最早的有系统的文学理论著作——《文心雕龙》

最早的医学书——《黄帝素问》

最早的总结性药物学著作——《本草纲目》

最早的植物学书——《南方草木状》

最早的农业专著——《齐民要术》

现代文学“三部曲”

欧阳山的“一代风流”三部曲《三家巷》、《苦斗》、《柳暗花明》。

叶君健的“土地”三部曲《火花》、《自由》、《曙光》。

洪深的“农村”三部曲《五奎桥》、《香稻草》、《青龙潭》。

阳翰笙的“地泉”三部曲《深入》、《转换》、《复兴》。

巴金的“爱情”三部曲《雾》、《雨》、《电》。

巴金的“激流”三部曲《家》、《春》、《秋》。

茅盾的“蚀”三部曲《幻灭》、《动摇》、《追求》。

茅盾的“农村”三部曲《春蚕》、《秋收》、《残冬》。

郭沫若的“女神”三部曲《女神之再生》、《湘累》、《棠棣之花》。

郭沫若的“漂流”三部曲《歧路》、《炼狱》、《十字架》。

世界文艺何为最

最早的一部电影摄影机　法国生理学家居勒·马莱伊在1880年10月发明的。

第一位喜剧作家　古希腊阿里斯托芬，他一生写了40多部喜剧，被恩格斯称为“喜剧之父”。

第一位获诺贝尔文学奖金的作家　法国诗人苏利·普吕多姆。

作品发行量最大的作家　英国推理小说家阿加沙·克里斯蒂，他的作品被译成世界上157种语言出版，总发行量达4亿册。

写作速度最快的作家　美国小说家坦利·加特奈，他同时写作7部小说，每天写1万字。

最高产的作家　英国连环画作家汉密尔顿，共写作7 200万字；法国作家大仲马写了357部书。

退稿最多的作家　著名的英国小说家约翰·克里西，他写作生涯中共收到743张退稿条。

著名多产作曲家

美国联机图书馆中心统计了从公元前 8 世纪到现在出版和记录下来的音乐作品，依次排出了作品最多的 24 位作曲家名单：

巴赫（德国）、莫扎特（奥地利）、贝多芬（德国）、勃拉姆斯（德国）、舒伯特（奥地利）、韩德尔（德国）、柴可夫斯基（俄国）、舒曼（德国）、华格纳（德国）、威尔第（意大利）、肖邦（波兰）、李斯特（匈牙利）、门德尔松（德国）、德彪西（法国）、维尔瓦第（意大利）、德沃夏克（捷克斯洛伐克）、普罗科菲耶夫（前苏联）、施特劳斯（德国）、拉威尔（法国）、斯特拉夫斯基（美国）、巴尔托克（匈牙利）、罗西尼（意大利）、普契尼（意大利）、拉赫玛尼诺夫（俄国）。

流行音乐十流派

进步音乐　带有摇滚乐的色彩，音响效果好。

通俗音乐　集各流派之大成，曲调朴实。

爵士摇滚乐　传统的爵士乐加上较和谐的配器。

歌伎音乐　演唱时不加任何修饰，有时近似呼喊。

迪斯科　在摇摆舞的音乐中加上强烈的节奏鼓。

黑人音乐　取材于黑人歌曲，节奏性较强。

滚石乐音 型飘忽，节奏感强。

颓废派摇滚乐 曲调怪诞做作，70年代初风行一时。

莱卡音乐 受牙买加传统音乐节奏影响而形成的一种音乐，全盛时期是本世纪40年代。

乡村音乐 起源于美国西海岸，歌唱时只用吉他伴奏，曲调抒情。

扬州画坛有“八怪”

“扬州八怪”是清乾隆年间居住在江苏扬州的一些画家的总称。其实，“八”只是个约数，据统计，这一派人物有15人之多。按一般说法，这8个人是汪士慎、黄慎、金农、高翔、李鲜、郑燮(即郑板桥)、李方膺、罗聘。他们8个人，大都是一些被罢官的文人和未入仕途的名士，经历坎坷，为生活所迫先后来到扬州，以卖画卖字为生。他们多半画花卉，各具风格，又都能诗，擅书法，和当时的所谓“正统”画风有所不同，被视为画坛的“偏师”、“怪物”，遂有“扬州八怪”之称。

一代巨人数“大卫”

伟大的文艺复兴时代，是需要巨人和产生巨人的时代。就在这个时代，男子人体以一代巨人的凛凛威风，带着进攻的勇猛，满怀一腔献身的悲壮来到了人间。意大利文艺复兴时期伟大的艺术家米开朗基罗雕刻的“大卫”，正是这种英雄的典型。

大卫是古代希伯莱民族传说中的一个英雄，他打败非利士人，统一了以色列与犹太而成为联合王国的第二任国王。米开朗基罗的刻刀下雕刻的正是战场上的“大卫”。作品完成于1501~1504年，是用一块5米多高的完整大理石刻制而成的，所以也果真被同时代的人称之为“巨人”。青年大卫的重心落在右腿上，右腿略微叉开，左手举到肩上，握着甩石的机弦，右手握着机弦的另一端并垂至腿侧。这是一个随时准备出击的动作，身上的每一块肌肉都表现出了内心的紧张与激动。他的头部向左方扭转，与身体形成了一种反向的牵拉，使雕像产生了一股弹性的力量感。人物双眼凝视远方，眉头紧蹙，以高度的警觉迎击对面的敌人。“大卫”刚一问世，就被安置在佛罗伦萨共和国政府所在地的佛基奥宫的前面，并且移开了那里原有的一个铜像。足见人们对英雄“大卫”的喜爱。

蒙娜丽莎的微笑

达·芬奇的著名作品是《蒙娜丽莎》。画面上的蒙娜丽莎以永恒的微笑面向生活，面向未来，面向一切欣赏这种微笑美的人们。她笑得那样舒畅、那样温柔，又显得有点严肃、哀伤，甚至还会显出几分讥讽和揶揄的情绪。她给人以这样众多的感受，恰恰说明了这个温柔的形象所包含的丰富的人性，多方面的性格心理特征。达·芬奇正是用他神奇的笔，用他敏锐的思想和火焰般的激情赋予蒙娜丽莎以永远的美，使这瞬间即逝的微笑成为一种喜悦的永恒象征。感谢他为世人刻画了一个无与伦比的微笑。

伏尔加河的纤夫

《伏尔加河上的纤夫》是19世纪俄罗斯“巡回展览画派”最杰出的画家列宾创作的一幅油画名作。画面上，宽阔的伏尔加河日夜不息地流向远方，火一样灼热的阳光无情地洒在大地上，一群衣衫褴褛、饱经沧桑、挣扎在这块土地上的纤夫，正在滚烫的沙滩上拖着沉重的货船缓慢行进。这11位年龄不同、经历不同、性格各异的纤夫，表露出痛苦、挣扎、力量、希望等种种情绪，为了维持他们最低的生活，不得不被迫出卖自己的体力。这是一部异常丰富的“纤夫史”，向人展现了沙皇统治下劳苦大众的真实生活，对封建农奴制进行了无情的揭露，对劳动人民予以了极大地同情和歌颂。

难忘的《日出·印象》

19 世纪后期，法国的印象学派画家中有个年轻的莫奈，他的一幅题为《日出·印象》的油画，被称之为整个印象派和他本人的代表作之一。《日出·印象》措绘的是勒阿弗尔港口的一个多雾的早晨。作品给我们展现出晨曦中海面上一种异常动人的情景：太阳刚刚升起，晨光笼罩下的海水呈现出一种橙黄和淡紫的色彩。远处的建筑物、工厂和海中的小船都被早晨的薄雾弥漫在朦朦胧胧、似有似无的气氛之中……这里虽没画出物体的具体形状，但一切又都使人感到是那样的亲切、真实。画家观察自然界瞬息转换的眼力和用色彩捕捉这一景色的高度技巧，不能不使鉴赏者佩服。

生　活

幸福家庭之标志

列夫·托尔斯泰有一句名言：“幸福的家庭家家相似，不幸的家庭各个不同。”幸福的家庭不仅体现为有较优越的物质条件，还体现在以下几个方面：

遇到困难时，家庭成员能相互支持，遇到忧烦能互相排解；

在家庭里，每个人都能充分表达自己的意见，说自己想说的话；

家人感觉彼此亲近、和睦，共同分担家务事；

家人互相尊重隐私及个人的意见，喜欢共同生活在一起；

家庭中充满着幽默、欢乐的气氛；

夫妻相敬相爱，互相肯定；

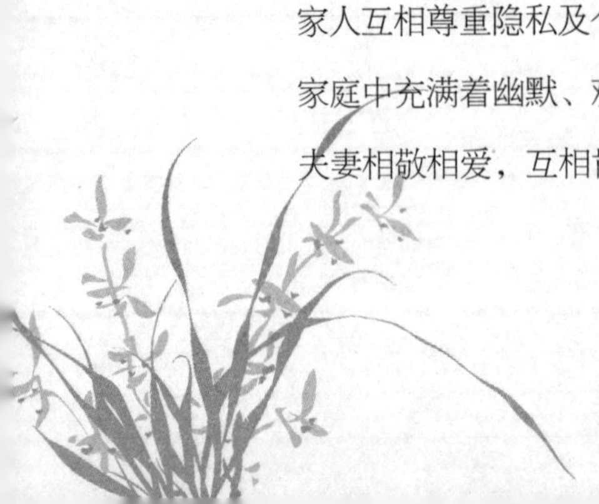

家庭使老人尽享天伦之乐，安度晚年；

家庭使孩子有健康成长的环境，有一个可以回忆的快乐童年。

生活模式之比较

十几年前，美国的一批营养学家、建筑师、服装设计师和社会学家，曾举办了一次比较各国生活模式的研讨会，与会者认为：

衣——以英国模式为佳英国人的衣服，一般只有两套衣服加上两三条裤子，甚至女人亦如此。英国是比较讲究衣着的国家，但不浪费，一套衣服一穿就是七八年，而法国、美国人平均每年换一套衣服。

住——以俄罗斯模式为佳　俄罗斯很少有一家独住的洋房，一般都是四五层高的公寓，室内主要家具附属于公寓，迁居方便。即使是政府高级官员，也大多住在公寓里，每幢公寓或几幢公寓便有一个小花园，有专人管理。

饮——以中国模式为佳　美国和西欧流行的饮料是咖啡和酒，这两者都有副作用。中国人多以茶奉客或做饮料，一般在宴会时才喝酒。

食——以美国模式为佳　美国人对食物很少浪费，即使是亿万富翁也如此，中等人家和富贵人家所吃的家常便饭，内容相差无几。美国近年盛行的快餐制度更是合理，所需热量并无不足而又节省了用餐时间。

山珍海味有哪些

民间文学里，我们常常看到形容某个富人的生活时，便说他穿的是绫罗绸缎，吃的是山珍海味。那么，古时的山珍海味是指哪些食品呢？

山珍海味可分上、中、下八珍。上八珍：狸唇、驼峰、猴脑、熊掌、燕窝、凫脯、鹿筋、黄唇胶。中八珍：鱼翅、银耳、果子狸、鲥鱼、广肚、哈什蚂、鱼唇、裙边。下八珍：海参、鲍鱼、大口磨、猴头、赤鳞鱼、干贝、蛎黄、乌鱼蛋。除此之外，如鱿鱼、飞龙鸟、龙须菜、川竹笋等也属名贵的山珍海味。

发展神速口香糖

口香糖又叫泡泡糖、胶姆糖或橡皮糖，尽管它小到很不起眼，但它问世至今少说也有160年，而且它的历史非常曲折有趣。

1837年前后，美国商人亚当斯发现纽约一些药店出售石蜡供人嚼用时，想起了印第安人喜嚼的墨西哥森林中生长的人心果树的树胶，灵机一动，就同几个儿子一起将人心果树的树胶经过加工制成了圆球状的口嚼物。由于它柔软耐嚼又没有异味，刚刚一出售就很畅销，并被称为“亚当斯的口香糖”，这也是世界上最早最正规的口香糖。到了1875年，约翰·科尔甘制成了一种芳香型的口香糖。5年后，口香糖又加进了薄荷，具有了清凉爽口的特色。

在第二次世界大战期间，前线官兵都喜嚼口香糖，使得口香糖摇身一变为军需品。由于战事吃紧，树胶的采割和运输都受到了影响，于是用一种聚乙烯醋酸脂人工合成的树脂代替树胶，大量生产成本低、质量好的口香糖。

特别提示：虽然口香糖能改善口腔内的不良气味，使自我感觉舒爽，有利于社交，但是不能过多地嚼，这样对我们的健康不利。这是因为口香糖中加有糖精、色素、香料、抗氧化剂等，在细菌的作用下既能形成一种高黏性不溶于水的多糖物质，黏附于牙齿表面，进而形成牙菌斑，又能发酵产酸，使牙齿表面的矿物质溶解导致龋齿。口香糖还含有增塑剂，有微毒，吹泡泡的过程中不断吐舌、伸舌、习惯性用一侧牙齿咀嚼，会使颌面部发育不均，导致牙颌畸形。

家庭饮食之误区

长期以来，人们在家庭饮食方面以自身的习惯和家人的习惯为定势，结果出现了一些误区。人们将家庭饮食的误区概括为以下几个方面：

1. 喝咖啡能使人兴奋　喝咖啡可提神醒脑，使人兴奋，但并不是每个人喝了咖啡后都会出现上述的效果。对于应付复杂工作而需要暂短记忆力的人而言，喝咖啡却会使人感到过度兴奋，随后疲惫不堪，昏昏欲睡。

2. 喜喝时新茶　时新茶虽然叶色鲜活，味醇香爽，但饮用却弊大于益。因为存放不到一个月的新茶，含未经氧化的多酚类、醛类和醇类较多，易引起腹胀、腹痛等症状，会加重慢性胃炎患者的病情。

3. 吃豆制品多多益善　营养学家指出，黄豆的蛋白质能阻碍人体对铁元素的吸收，过量摄入黄豆蛋白质可抑制正常铁吸收量的 90%，从而出现缺铁性贫血，表现出不同程度的疲倦、嗜睡等贫血症状，所以吃豆制品过量有害。

4. 用过热油锅炒菜　在烧得过热的油锅中，容易生成一种硬脂化合物，对人体健康极为有害。人若吃过热油锅炒出的菜，易患低酸性胃炎和胃溃疡，如不及时治疗，还可能诱发胃癌。

5. 减肥的好办法是不吃早餐　此说大谬。一方面上午有饥饿感影响工作和学习；其次，因饥饿，午餐则大量进食使体重有增无减；第三，不吃早餐容易引发胆结石症。

6. 用冷水冷却熟蛋　将煮熟的蛋浸在冷水中，蛋壳虽然好剥，但是却使蛋壳上及水中的病菌有机可乘。如果想使蛋壳好剥，只要在煮蛋的水中加入少量食盐即可。

7. 胡萝卜生吃营养价值高　胡萝卜素并非维生素A，而是维生素A的半成品——维生素A原。这种维生素A原是脂溶性物质，只有溶解在油脂中才能在人体小肠粘膜内转变为维生素A，为人体所吸收。因此，食用胡萝卜最好用食用油烹调，或切块与肉同炖。

8. 油条是理想的早餐食品　其实油条用明矾做疏松剂，常吃这种含铝物有害于人体健康。这种含铝化合物如沉积在骨骼中，可使骨组织密度增高，骨质变得疏松；如沉积于大脑中，可使脑组织发生器质性改变，出现记忆力衰退，甚至痴呆；如沉积于皮肤，可使皮肤弹性降低，皮肤皱纹增多。尤其是老年人，多吃油条更容易引起老年性痴呆。

9. 长期单纯进食植物油　经测定，花生油、玉米油中易混杂强致癌物黄曲霉素；棉籽油中有使人中毒的棉酚；菜油中的芥酸不利于高血压、心脏病人的健康，故植物油不能多吃常用。正确用油方法，应是一份植物油搭配0.7份动物油。

10. 虾米直接煮汤喝　虾米或虾皮在加工过程中容易染上致癌物，直接煮汤喝，不利于人体健康。专家建议，可将虾米煮数分钟后再换水煮汤，或在汤中加1~2片维生素C，就能阻断致癌物在人体内合成。

11. 饭后马上吃水果 科学研究指出，水果中含有大量单糖类物质，很容易被小肠吸收，但若被饭菜堵塞在胃中，就会因腐败而形成胀气，造成胃部不适。所以，吃水果应在饭前一小时或饭后半小时为妥。

12. 多用佐料调味 据美国一项研究表明，胡椒、桂皮、丁香、小茴香、生姜等天然调味品中有一定的诱变性和毒性，如多用调味品，可导致人体细胞畸变形成癌症，会给人带来口干、咽喉痛、精神不振、失眠等副作用，还会诱发高血压、胃肠炎等多种病变。

13. 以醋解醉酒 饮酒所发生的醉酒除与酒中所含乙醇量有关，与乙醛含量关系更为密切。乙醇进入人体内先分解成乙醛，如乙醛不能迅速被继续分解即可引起醉酒，所以乙醛是使人醉酒的主要物质，起着关键作用。而喝醋并不能起到使乙醛分解的作用。

14. 夏季喝冰水 止渴在夏季，不少人大量出汗后，选择用冰水解暑降温，这其实是不科学的。中医认为，冰水属寒凉之物，人喝到身体里被吸收，肠胃很容易产生痉挛。

吃早餐的重要性

在生活中，有不少人养成了一个习惯，即不吃早饭便匆匆忙忙去上班、上学，其实这个习惯对身体是十分有害的。

“一日之计在于晨”，简单的一句话即阐明吃早餐的重要。经过一夜的休息，昨天晚上吃的食物差不多消化殆尽，体内血糖值降低，此时人情绪上烦躁、紧张，做事效率也就会降低。因此，及时吃早餐，补充血糖是十分重要的。

早餐食物若含有蛋白质、脂肪、糖类，则消化吸收的时间要更长，维持精力的持续力也增加。由此，我们可以知道，若单吃淀粉质的食物，如稀饭、咸菜，或面包、果酱，其血糖下降速度便很快，若是稀饭加上豆腐、鸡蛋，或是面包加上荷包蛋、牛奶，则维持血糖浓度的时间会加长，上学、上班后就会精神抖擞，效率也会提高。

不宜多吃的食物

松花蛋因为制作松花蛋要用一定量的铅，经常食用会引起铅中毒，还会引起缺钙。

臭豆腐臭豆腐在发酵过程中极易被微生物污染，还会有大量挥发性盐基氮及硫化氢等，这些都是蛋白质分解的腐败物质，对人体有害。

味精味精每人每日摄入量应不足 6 克，过多摄入会使血液中谷氨酸的含量升高，限制了必需的二价阳离子钙和镁的利用，可造成短时期的头痛、心跳、恶心等症状，对人的生殖系统也有不良影响。

方便面方便面中含有对人体不利的食品色素与防腐剂等，常吃对身体不利。

葵花籽葵花籽中含有不饱和脂肪酸，多吃会消耗体内大量的胆碱，影响肝细胞的功能。

菠菜菠菜营养丰富，但又含有草酸，食物中的宝贵元素锌与钙会与草酸结合而排出体外，从而引起人体锌与钙的缺乏。

猪肝 1000 克猪肝含胆固醇高达 400 毫克以上，而一个人胆固醇摄入量太多会导致动脉硬化。

烤牛羊肉在熏烤过程中会产生如苯并芘这样的有害物 148 质，是诱发癌症的物质。

腌菜如腌菜腌制的不好，菜内会含有致癌物质亚硝酸胺。因此不宜长期食用。油条油条中的明矾是含铝的无机物，如天天吃油条，铝就很难由肾脏排出，从而对大脑及神经细胞产生毒害，甚至引发老年性痴呆症。

哪些器官该丢弃

医学研究表明，在禽、畜、鱼的肉类中有 200 多种能够传染给人的病菌及其他有害物，特别是禽、畜、鱼的体内一些具有正常生理功能的器官，人吃了也会影响身体健康，甚至产生疾病，所以应该丢弃。那么哪些是禽畜鱼类“生理性有害器官”呢?

畜“三腺”　猪、牛、羊等动物的“三腺”，即甲状腺、肾上腺、病变淋巴腺。甲状腺俗称“粒子肉”，位于胸腔入口处的正前方，与气管的外侧面相连，是成对器官，其重量不等，一般都在3克以上,其主要成分为甲状腺素和三碘甲状腺原氨酸。人吃了可引起甲状腺功能亢进，如头晕、头痛、心慌、气短、烦躁、乏力、失眠、多汗、恶心、呕吐、腹痛、脱发，严重的还会出现手指震颤、精神失常。科学证明，人体摄入其 1.8~3 克就会发生中毒。肾上腺，俗称“小腰子”，位于左右肾的前端，呈褐色。肾上腺含有肾上腺素，食后可引起头晕、呕吐、腹泻、手麻、心悸等，严重者出现瞳孔放大，面色苍白等。病变淋巴腺，俗称“花子肉”，多在腹股沟、肩胛前和腰下等处，呈圆形。里面含有多种致病微生物，人吃了易患多种疾病。

鸡屁股 学名“腔上囊”，这个部位是淋巴腺最集中的地方，由于淋巴腺中的巨噬细胞具有很强的吞噬病菌、病毒等有害物质的能力，即使是致癌物质，巨噬细胞也能吞食，贮存于囊内，不能将其分解。所以，鸡屁股成了贮藏病毒和致癌物的“仓库”。

羊“悬筋” 又名“蹄白珠”，是羊蹄内发生病变的一种病毒组织，一般为串粒形或圆粒形，必须摘除。

鱼“黑衣” 鱼腹内两面的一层黑膜衣，为鱼体中最腥、泥土味较浓的部位，且含有大量的组胺、类脂质及溶菌酶。误食组胺会引起恶心、呕吐、腹痛等症；溶菌酶则对食欲有抑制作用。

鲤“臊筋” 鲤鱼脊背两侧的皮内各有一条似白棉线的筋，它属于强化物质（即发物），而且臊腥味极重，不适于某些病人食用，应摘除。

清洗食物有窍门

生活中，有些食物很难洗净洗好，这里介绍几种窍门：

巧除菜叶小虫　只要将蔬菜择叶泡在淡盐水中 3~5 分钟，然后在自来水下仔细用流水冲洗一遍即净。

巧洗脏豆腐　豆腐表层粘着脏物时，可将豆腐放在一只塑料漏盆里，然后在自来水下轻轻冲洗，既保持豆腐完整不碎，又使豆腐洁净如初。

巧洗猪肉　将猪肉在淘米水中浸泡数分钟再洗，脏物易洗除。

巧洗冷冻食物　从市场上购回冻鸡、冻鸭、冻鱼、冻肉后，将其在姜汁液中浸泡 30 分钟左右再洗，不但脏物易除，而且还有消异味、增鲜味的奇妙作用。

巧洗猪肠　将买回的猪肠在淡盐和醋的混合溶液中浸泡片刻，然后摘去脏物，将其放入淘米水中泡一会儿，再在清水中轻轻搓洗两遍即可。若在淘米水中放几片桔皮，肠中异味更易消除。

巧洗螺蛙　将螺蛙放在水盆中养 3 天左右，并在水中滴入少许植物油，螺蛙闻油味即会将肚中泥沙“倾囊吐出”。

巧洗黑木耳　将黑木耳放在淘米水中泡半小时左右再清洗，表层脏物易除。

巧洗平菇　先将买回的平菇放在淡盐水中泡5分钟左右，随后用细软净布沿纹轻拭，最后放入清水盆中漂洗即可。

巧洗海蜇皮　先将海蜇皮放入5%的盐液中泡片刻，再放入淘米水中清洗，最后在自来水下冲一遍，海蜇皮上的沙砾即会被清除得干干净净。

巧洗猪心、猪肝　将猪心、猪肝放在面粉中“滚”一下，一小时后再清洗，不但洗得干净，而且烹炒出来的心、肝味道纯正。

伪劣商品咋识别

根据国家技术监督局的划定，凡有如下情况的即为伪劣商品：失效、变质的；危及安全和人身健康的；所标明的指标与实际不符的；冒用优质或认证标志和伪造许可证标志的；掺杂使假、以假充真或以旧充新；国家有关法律、法规明令禁止生产、销售的。此外，经销下列商品，经指出不纠正的，应视为经销伪劣商品：

1. 无检验合格证或无有关单位允许销售证明的；

2. 未用中文标明商品名称、生产者和产地（重要工业品未标明厂址）的；

3. 限时使用而未标明失效时间的；

4. 实施生产（制造）许可证管理而未标明许可证编号和有效

期的；

5. 按有关规定应用中文标明规格、等级、主要技术指标或成分、含量等而未标明的；

6. 高档耐用消费品无中文使用说明书的；

7. 属处理品（含次品、等外品）而未在商品或包装的显著部位标明“处理品”字样的；

8. 剧毒、易燃、易爆等危险品而未标明有关标识和使用说明的。

如何识别假钞票

直观辨别人民币真伪的方法，可归纳为“一看、二摸、三听、四测”：

看　一是看水印，把人民币迎光照看，10 元以上人民币可在水印窗处看到人头像或花卉水印，5 元纸币是满版古币水印；二是看安全线，第四套人民币 1990 版 50 元、100 元钞票在币面右侧有一条清晰的直线。假币的“安全线”或是用浅色油墨印成模糊不清，或是手工夹入一条银色塑料线，容易在币纸边缘发现未经剪齐的银白色线头；三是看钞面图案色彩是否鲜明，线条是否清晰，对接线是否对接完好，无留白或空隙。

摸　由于 5 元以上面额人民币采取凹版印刷，线条形成凸出纸面的油墨道，特别是在盲文点“中国人民银行”字样等。

用手指抚摸这些地方，有较鲜明的凹凸感，较新钞票用手指划过，有明显阻力。

听 人民币纸张是特制纸，结实挺括，较新钞票用手指弹动会发出清脆的响声。假币纸张发软，偏薄，声音发闷，不耐揉折。

测 用简单仪器进行荧光检测，一是检测纸张有无荧光反映，人民币纸张未经荧光漂白，在荧光灯下无荧光反映；二是人民币有两处荧光文字，呈淡黄色。

健美赛服“比基尼”

在女子健美兴起之初，运动员们穿的是游泳衣，而这种衣服无法表现胸大肌、腹部的美。于是人们在设想一种理想的健美服。

1946 年 6 月，在巴黎莫里托尔游泳池里，一位体态丰腴的女郎上身穿着用两块小布片拼成的胸罩，下身则穿一条露出肚脐的极短小的短裤。这种穿着引起了满场轰动，以致迅速传播开来，引起人们争先效仿。它的设计者雷拉德认为，这场轰动可与比基尼岛试验场上原子弹爆炸引起的轰动媲美，于是用“比基尼”命名了这种新式泳衣（比基尼岛在太平洋的马沼尔群岛北端，1944 年，美国在这里试爆原子弹，引起世界轰动）。从此，比基尼以更快的速度在全球女性中流行，并成为女性健美比赛的赛服。

何时叠起被子好

长期以来，人们有个习惯，总是早晨一起床，就匆匆忙忙将被子叠好，将床收拾得干干净净。实际上，这是不符合卫生要求的。

人们在睡眠过程中，外表看是在休息，而人体内各个器官、组织的新陈代谢活动仍在不断地进行着，它所产生、分泌的代谢物不时地从全身的皮肤毛孔、呼吸道或肠道等途径排出体外。假设整个睡眠为 8 小时，那么从呼吸道和皮肤毛孔排出的水分就约有 400 毫升，不少废气从肛门处排出，在排出的废气中含有二氧化碳等化学物质 149 种，从汗孔中排出的物质有 151 种。这些废弃物质都被被子严密地捂住，如果起床后马上叠整被子，这些废弃物质就会大部分或全部保存在被子里，不能充分地、完全地散发出去。晚上睡觉时，仍然存在于被子中的废弃物质在人体体温的作用下蒸腾出来，使被子里的废弃浓度日益积聚而增多，以致被窝里充满着废气味，对身体十分不利。如果孩子睡觉喜欢将头钻在被子里，就会吸入过多的废气和二氧化碳，久而久之就会出现含氧量不足的一些病症，使大脑中枢神经的活动受到影响，尤其对智能发育影响最明显，可出现精神萎靡、容易疲劳、乏力、注意力不集中、记忆力减退等现象。

叠整被子的正确方法是：起床后即将被子翻过面来，同时打开房门、窗户，让房内空气内外对流，使被子表面的一些废气也随着空气而散发，约 15 分钟后再叠被子，这时候被子上的废气可基本散发完。如能做到经常拆洗被子或多多晾晒，则更有益于身体健康。

衣物污渍巧清除

除油

1. 有条件的取米糠一小碗 (约 50 克)，用水淋湿，撒放被油污渍处用力揉搓，然后再用清水漂洗干净。

2. 被无色或浅色油污染，可将被污染衣物浸在汽油内用手轻揉轻搓，取出后用旧毛巾或旧布吸拭干净。亦可用软毛牙刷蘸汽油顺布纹洗刷，刷擦时可在衣物上下分别垫上吸墨纸 (或过滤纸、毛巾)，刷擦好后，马上用熨斗熨烫，直到油污被吸尽为止，最后用洗涤剂溶液冲洗，清水漂净。

3. 被重油污染，应先用优质汽油搓洗，然后再用洗涤剂溶液冲洗，温水漂净。

除墨汁

1. 墨汁的主要成分是炭黑和骨胶，如刚刚污染上的新迹，应及时趁湿用冷水搓洗即可除去。若尚有遗迹，可用米饭、米粥或面糊加上一点食盐放在墨渍处用手搓洗，反复多次，墨迹便会附着在饭粒上，同时再用纱布或脱脂棉等揩去污物，然后用洗涤剂洗，清水冲净。

2. 新墨迹亦可用 4％的大苏打液刷洗。

3. 还可用研磨成粉状的白果在污渍处搓揉，或用牙膏加肥皂搓洗，用枣肉或灯芯草揉洗亦可。

4. 如遇陈旧墨迹，可用酒清与肥皂（1 ∶ 2）合制的溶液反复搓洗，再进行水洗，即可除去。溶液里加进些牙膏效果更好。

除蓝墨水

新染上蓝墨水的衣物，可先在清水中浸泡一会儿，反复用手搓洗，然后用漂白粉洗刷，清水冲净；也可用 10％氨水和食碱溶液或用 10％加热过的柠檬酸溶液作去污剂，将包有棉花的麻布团蘸该剂在污渍处轻轻揩拭，然后用清水洗净。如是旧渍，可将被污部分衣物浸入去污剂中，使溶剂有充分时间溶解，污渍处放几粒米饭，在水中搓洗(使用鲜牛奶、羊奶、柠檬汁滴在污处揉擦亦有效)，再用洗涤剂水或漂白粉液冲洗，清水冲净。

除红药水、碘酒、高锰酸钾

1. 红药水渍，可先用白醋洗，然后用清水漂净；还可先将污处浸湿后用甘油刷洗，再用含氨皂液反复洗。若滴入几滴稀醋酸液，再用肥皂水洗，效果更佳。

2. 碘酒渍，可先用淀粉浸湿揉搓，淀粉遇碘立即呈黑色，再用肥皂水轻轻洗去。

3. 处理高锰酸钾污渍，可用一片维生素 C 贴在污渍处沾上水轻擦，紫红色污迹即可除掉。

除汗渍

1. 汗渍主要是少量蛋白质、脂肪和盐混杂以污垢微粒附着在衣物纤维上。洗涤剂一般只能洗去脂肪与污垢，凝固的蛋白质经氧化变黄，逐渐形成黄斑不易洗掉。可将衣物浸于10%的浓盐水中，泡1~2小时，取出用清水漂净。注意切勿用热水，那会使蛋白质凝固。

2. 具有弱碱性3.5%的稀氨水或硼砂溶液也可洗去汗迹，用3~5%的醋酸溶液揩拭，冷水漂洗亦可。

3. 毛线和毛织物不宜用氨水，可改用柠檬酸洗涤；丝织物除用柠檬酸外，尚可用棉团蘸无色汽油抹擦除之；点滴汗迹还可将污处放在装氨水的瓶口薰之，也能除去。

装饰居室有参考

随着人民群众生活水平的提高，人们越来越注重考虑居室的装饰。如果您想装饰居室，以下方法可供您参考。

以物代墙法　小面积居室尽量少用砖隔墙，可用组合柜、屏风、挂帘等作为隔墙。

巧用空间法　空间比较高的居室，可以在屋顶四周制一排吊柜，并与顶饰巧妙组合，既省空间又美观。

窗帘扩大法　将室内的窗帘扩大为遮盖整个墙面的“壁帘”，可造成一种墙面扩大的感觉，相当气派。

壁镜照射法 在墙面上装上整壁的玻璃镜，通过反射造成的视觉差，可增加居室的宽绰感。

壁面装饰法 在光线比较好的墙面上装饰几张画面深远、有立体感的风景画或透视壁画，可增加视觉的开阔度。

增加采光法 将靠阳台的窗子改用落地窗户，可增加朝阳面窗子的高度和宽度。

活动家具法 采用活动式家具，如折叠床、折叠桌椅、日本式拉门等，可减少家具的占地面积。

设置摆放法 在会客厅、卧室等墙角处，制作一款款式别致的角橱，上面放一些既有趣又富有想象力的小摆设、玩具之生活类，能给室内增添欢乐的气氛。

灯光活用法 在室内设置一些风趣、多色彩的灯光，以增添生活的乐趣，丰富生活意境。

门帘装饰法 利用一些废旧过时的挂历自己动手制作一扇门帘，其装饰效果也颇别致。

净化空气小窍门

消除香烟和油漆味　室内烟雾缭绕，空气污浊，用蘸醋的毛巾在室中挥舞或点燃两支蜡烛，烟味便可消除。新油漆的墙壁或家具散发出刺鼻的气味，只要在地板上放置两盆冷盐水，油漆味即可消除。

消除室内怪味　室内通风不畅时会有怪味产生，在电灯泡上滴几滴花露水，通电预热后香味四溢，室内空气便可清香宜人。

消除厕所臭味　将一盒打开盖的清凉油放在厕所的角落，臭味即可消除，一般可用两三个月。

消除霉味和煤油味　梅雨季节，抽屉、书柜和衣箱散发霉味时，放上一块肥皂即可去除。经常烧煤油炉的房间里往往有一股煤油气味，如果在煤油炉旁放一碗清水，就可以吸去煤油气味。

电话功能多利用

键盘式电话上除0~9十个阿拉伯数字按键外，还有“*”、“#”两个键，一般人打电话却不知如何使用这两个按键。有的人在通电话时，要和旁边的人谈与受话人无关或不需对方知道的事情时，总爱用手使劲捂住话筒，其实此时只需轻轻地按下“*”键，即可暂时中断与对方通话，当再要与对方通话时，手指离开“*”键即可继续交谈，有人称此为“保密键”，倒是很恰当的。

那么“#”键要怎样使用呢？当你打电话时，拨完电话号码后发现占线“忙音”时，你可将话筒放下一会儿，再要时不必再重新拨号，只需将话筒拿起，将“#”键一按一放即可，当键盘上的指示灯闪亮后就会自动为你接通你所要打的电话号码，如果还是“忙音”，就再放一会儿后再重按一下“#”键，直至接通为止。这样就减少了反复拨号的麻烦，这个“#”键叫“记忆键”。

生活用品之高度

我们日常的生活用品，都应有其一定的高度，倘高度合适，使用就觉方便；如过高过低，不仅有碍观瞻，使用时也不顺手。有关研究人员提出了一些生活用品的合理高度，供读者参考。

切菜桌高度　厨房里的切菜桌，以离地70~80厘米为佳。如过高，右手就难以使力，且很快疲劳；过低，低头弯腰操作，时间稍长，颈部和腹部就会感到难受。

炊具高度　厨房灶台的高度，以离地70厘米为宜，锅底支起后，离火口约3厘米，这样可最大限度地利用火力。

坐具高度　椅子的高度在45厘米左右，以低于坐者的小腿长度1~2厘米为最佳。这样的高度利于下肢着力于整个脚掌，便于两腿前后左右移动。新购入的藤椅有的过高，如超出小腿长度5厘米时，可做一块踏脚板。夏天乘凉用的躺椅如觉太低，躺下后可将腿搁在一张小凳上。

卧具高度　床铺的高度以成人膝盖的离地高度为宜，通常为50厘米左右。枕头的高度，成人为12厘米，儿童为6~8厘米；婴儿则不超过5厘米，或干脆不用枕头。

挂钟挂置高度　挂钟宜挂在离地1.8~2米之间，可视房间的大小和钟面的大小决定所挂位置的高度。一般说来，家里的挂钟，可挂得比门的上框略稍高一些。

挂历挂置高度　最常见的挂历其开本正好是全张型的，大小如同一张摊开了的《人民日报》。其上端宜挂在1.8~1.9米之间，下端离地1~1.1米之间，这样人的视平线正好处于挂历的图片部分的中心或略下一点位置上。由于我们看画大多是站在远处看，所以能不费力地看到挂历的整个画面。当我们走近挂历看文字部分时，因文字部分处在视线以下，也便于阅读。

电视机放置高度　电视机的屏幕中心最好是在人坐着时看东西时的视平线略下一点，因为我们总是习惯于看视平线下面一点的东西，21 寸的电视机宜离地 70~80 厘米之间，25 寸的电视机离地 60 厘米左右，28 寸以上的电视机宜离地 40 厘米左右。

热水瓶放置高度　热水瓶使用频率极高，以放置在离地 70 厘米左右的低柜上为佳。这样，无论是用水壶向热水瓶里灌水还是用热水瓶向茶杯里倒水，都不感吃力。

电脑慎用稳压器

家用电脑对电源电压并不苛求，一般在 180~240 伏之间仍能可靠地工作，可是有些家用电脑用户过于小心，企求供电电压能始终稳定在 220 伏，将高灵敏的电子稳压器接入家庭供电网络。殊不知，其结果却适得其反。

原来，电子稳压器是靠继电器的跳动来稳定电压的。当供电电网内的电压稍有波动，或同一供电网内其他电器的开启或关闭，都会引起电子稳压器内的自动纠正电路启动工作，使继电器频繁跳动。每一次继电器的跳动换档，会使电网内的供电电流发生一次瞬间中断，尽管这一瞬间中断并不影响照明或家用电器的使用，却对高灵敏电脑内的程序读写操作干扰很大。继电器的每一次跳动换档，犹如向电脑瞬时输入一个脉冲，使之混迹于正常的程序之中，从而造成电脑出现差错信号，严重时还会使硬盘损坏。

因此，家用电脑在使用中，一般无需配置稳压器。万一电网电压经常不稳定，且变化甚大，在配置稳压器时，应选用电压转换具有一定时间延时的不间断电源为好。

信用卡防盗有招

随着科技的发展，信用卡已经逐渐走进我国家庭，持信用卡的人越来越多。信用卡如何防盗、防骗呢？除小心保管外，VISA 国际组织向全世界消费者提供十大防范措施。

1. 保留所有的签帐单，以随时核对月结单，若是发现来历不明的项目，应立即与发卡机构联系。

2. 将信用卡帐户号码、电话号码与钱包分包存放，若遗失钱包及信用卡，便需要这些材料。

3. 千万别将个人密码资料与信用卡一同放在钱包内，最好是记住或放在家中安全的地方。

4. 切勿将密码告诉他人。

5. 若利用电话购物时，勿轻易将信用卡号码告诉对方，应该问清楚公司名称及地址，然后检查该公司是否能提供你所需要的服务及货物。

6. 购物用信用卡结帐时，除签名之外，无需将个人资料（如地址或电话号码）告诉他人。

7. 在离开商店或餐厅前，要看清楚收回的是否是你本人的信用卡。若帐单有副本，要留意副本有否撕毁。

8. 信用卡若遗失或被盗，应立即通知发卡银行或财务机构。

9. 信用卡不能借人。

10. 当你的个人情况有改变时，应尽快通知发卡机构。

健　康

起居健身十六宜

面宜常搓　两手反复经常搓面，可使面容红润有光泽。

发宜常梳　用十指梳头可以帮助消除疲劳，清醒头脑。

目宜常运　闭目，以眼球左旋右转各 9 遍，闭目少顷，忽然大睁，可以清肝明日。

头宜常动　以两手掩耳，低头仰头各 5~7 次，头脑清醒，去掉杂念，可除头痛之疾。

齿宜常叩　每天清晨睡醒之时，叩齿 36 遍，可使牙齿坚固。

口宜常闭　每日经常闭口调息，舌舔上腭，呼吸均匀和缓，即可使人体气机通畅，津液自生。

津宜常咽　平时口中有津液，应随时咽下，可健脾胃，助

消化。

气宜长提 随鼻中吸气轻轻做提肛动作，稍停，即缓缓呼气，久做可健身防病。

心宜常静 经常保持头脑清静，排除杂念，常如此可调气养神。

神宜常存 经常保持神志安宁，情绪舒畅，不过度思虑，无烦恼忧怨，保持乐观情绪，可以少生七情之患，使身体健康。

背宜常暖 背部为肾脉之所居，是太阳膀胱之所舍，人感受风寒多从背部起始，多加保护，可以预防感冒，固肾强腰。

腹宜常摩 食用后以手摩腹，可助消化，可治疗腹胀、便秘。

胸宜常护 经常用手摩擦胸部，可宽胸理气，增强心肺功能。

囊宜常裹 以两手紧兜外肾，闭口调息，可养肾气，固肾强腰。

言语宜常 缄默多言则耗气，缄默则养气，故言不宜过多。

皮肤宜常 干沐两手搓热，常搓擦周身皮肤，状若沐浴，可使周身气血通畅，舒筋活血。

保养头发有五法

秀发如云，光洁柔润，是青春健美的标志。怎样保养自己的头发呢？有办法。

一要常梳理 可用钢针梳或塑料梳自前额向后梳，梳时用力均匀，不要触及皮肤。头痒时不可用力抓，要五指张开轻掠头发，或备小梳子以常用。

二要勤洗 一般每隔三五天用温水洗一次，应用中性皂或洗发精之类，忌用碱性肥皂，洗后用护发素涂抹冲洗一遍，可保持头发清洁、柔软。

三要常擦护发油 洗头后即擦少量发油，并用梳子理齐，发干后呈光泽，现自然润亮。头发浓密者宜用发膏或发乳，发疏少者用松发油，切忌使用膏乳类，以免粘结头发更显稀少。

四要常按摩头皮 用手指轻按头皮来回摩擦，使头部血脉舒通，以增加发丝养分。此法可减少白发，又能使头脑清醒。可在临睡及起床时按摩 10 分钟左右，用毛巾热敷也可。

五要少烫少吹 烫发者最好半年一次，吹风亦不易过多，以避免头发发“痧”发“焦”。自备家用吹风机者，使用时温度不能过高。

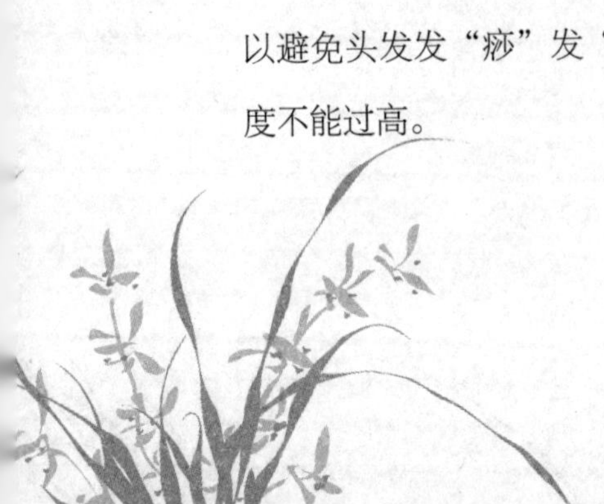

不要忽略手指甲

现在有许多女孩子涂抹指甲油，殊不知，这无形中掩盖了指甲对你发出的健康信号。有经验的医生只要看了你的指甲，就可以帮助诊断你得了什么病。一般来说，指甲出现絮状的白云和白点，预示着可能肠道有问题；指甲出现竖条，是缺乏维生素 A 的表现；指甲出现横纹，是心肌梗塞病人发病前的一个征象；指甲凹陷、无光泽和苍白，是贫血的信号；指甲青紫，有可能是患了心血管疾病。

当然，这种诊断只能作为参考，还是及时到医院详细检查一下为好。

照照镜子查健康

早起洗完脸照照镜子，可自查一下健康情况，以便采取保健措施。

眼带血丝　熬夜太深，注意早睡。

眼圈昏暗　疲劳过度，注意休息。

嘴唇微黄　心脏衰弱，注意戒烟。

皮肤斑点　缺维生素 C、B，多吃蔬菜。

皮肤微黄　肝脏滞弱，不要嗜酒。

眼圈红肿　肾脏虚弱，查尿化验。

舌苔发白　胃有毛病，调整饮食。

齿龈出血　缺维生素 C，多吃蔬菜。

眼皮阵跳　神经疲劳，松弛精神。

莫让肚子着了凉

不论天气有多么炎热，睡觉时都要注意把肚子盖上，不要贪图凉快而着了凉，因为肚子着了凉就会引起泻肚子。受凉导致的腹泻有两个特点：一是腹部“咕噜噜”地响个不停，还伴有阵痛；二是水泻，即排泄物不是成形的、结团的粪便，却是稀烂的粪水和未经完全消化的食物残渣。

小肚子受了凉，人体抗病能力会下降，导致肠道发炎，引起阵阵腹痛和肠子蠕动增加，肠子里的水和气体被推来推去，肠子里还没很好消化和吸收的食物残渣以及大量的水分就会被迫排泄出来。所以，睡觉时要注意肚子的保暖。

癌症已不是绝症

长期以来，被人们视为“不治之症”的癌症已被人类攻克了一部分。在目前已知的百余种癌症中，医学界肯定有把握治好的有：急性淋巴细胞白血病、乳腺癌、何杰金氏淋巴癌、非何杰金氏淋巴癌、小细胞肺癌、儿童实体肿瘤、滋养叶细胞癌、睾丸精原细胞瘤、睾丸胚胎癌、卵巢癌等等，已达几十种。由此可见，在医学发达的今天，一切皆有可能。

经常喝茶大有益

经常喝茶对健康有益。1. 能解除疲劳，促进新陈代谢，维持心脏、血管、肠胃等正常功能。

2. 能化滞润肤，振奋精神，增强记忆力。

3. 对预防龋齿效果明显。

4. 茶含有不少对人体有益的微量元素，能促进健康。

5. 有抑制恶性肿瘤的作用。

6. 可以抑制或减缓细胞衰老。

7. 能防止动脉硬化、高血压和脑血栓。

8. 能兴奋中枢神经，增强运动机能。

9. 有良好的减肥美容效果，特别是中国的乌龙茶效果更为明显。

但切记，不要喝凉茶，特别是隔夜的凉茶。

饮酒有利也有弊

适量饮酒能暖心活血，舒筋活络，增进人的中枢神经兴奋度，使喝酒的人举止行为变得天真而富有情感，自己也感到舒适愉快。但饮酒切忌过量，如大量饮烈性酒，容易发生乙醇中毒。长期多饮烈性酒，会引起各器官病理改变和营养不良，还会降低肌体抵抗力，容易招致细菌感染。

另外，饥饿、空腹时酒精最易吸收，酒性上攻极易摔倒，盛怒之下理智失控，复加饮酒，势如火上烧油，多生意外之事。

休道白酒能御寒

我们常常看到有人下水前，要扌周一口老白干酒，以为这样可以御寒，其实不然。

白酒进入人体后，每克酒精能产生 7.1 千卡的热量，喝 3 两白酒能产生 500 千卡的热量。可是，这种产热过程比较缓慢，一小时只能氧化 9~15 克，因此短时间内难以供应大量的热。然而酒精却会使皮肤血管扩张，血液量增多，加上心跳加快、血压升高，此时散热量明显超过产热量。虽然身体觉得发热，可是体内温度却在逐渐下降，如果不注意保暖，轻者易染上感冒，重者会发生冻伤。喝酒后下到冷水里是有害的，醉酒之后倒在风雪里，那就更危险了。

喝酒同时少吸烟

常说“烟酒不分家”，这本意是说抽烟、喝酒彼此彼此，不分你我。但它有引申意，即喝酒的人往往抽烟，而也有些人则烟酒不沾。

酒桌上我们常看到，饮到高兴处，话匣子打开，于是大家又纷纷抽起烟来。其实，这样做是十分有害的。谁都知道，烟的尼古丁损害健康，而喝酒扩张了血管，从而加剧了血液对尼古丁的吸收，也加重了尼古丁对人体的毒害作用。

对付失眠有妙法

睡眠不足，会引起精神倦怠，大脑缺氧，记忆力减退，损害身体健康。我们又常常遇到这种情况：或是大脑异常兴奋，或是心烦意乱，怎么也睡不着。这时，可以试着数数，1、2、3、4、5 地数下去，大约数过几百个数，就可以入睡了；还可以尝试看一本最不感兴趣的书，这类书也有催眠作用。另外，如居处嘈杂可采用“背景掩声法”——采用一种重复、单调的音乐，以掩盖嘈杂声。此外，盖羊毛毯比较容易调节体温，诱人入睡；太松软的枕头不利睡眠，要改用稍硬一点的。

吃饭里头有文章

你看了这个题目也许觉得好笑，吃就吃呗，吃饭还有什么文章呢？有的，吃饭起码有十忌。吃不得法，会直接损害身体。

一忌吃得过饱　进食过量，暴饮暴食，超过胃肠道的消化能力，时间长了会使胃功能下降。

二忌吃得太快　吃得太快，唾液不能充分和食物混合，不利于消化。

三忌分神　吃饭时不要看书报和高声谈笑，否则消化器官获得的血液会相对减少。

四忌用汤泡饭　泡过的饭或食物会冲淡胃液，如果再不加咀嚼咽进肚里，更难消化。

五忌吃烫饭　吃烫饭容易使口腔、食道、胃粘膜烫伤和引起炎症，时间长了，还可能引起食道和胃的癌变。

六忌偏食　人对营养的需要是多方面的，长期食用一种单一的食品，会造成不同程度的营养缺乏。

七忌饭前大量喝水　这会加重胃肠负担，冲淡胃液，影响消化。

八忌轻视早餐　有些人有少吃或不吃早餐的习惯，时间长了会造成消耗超过储存，出现头晕、心慌、记忆力减退等症状。

九忌吃饭时训斥孩子　吃饭时不良情绪的刺激，可通过大脑皮层使消化腺体的正常分泌受到抑制，引起消化和吸收的功能障碍。

十忌吃饭时吵嘴呕气　吃饭吵嘴或边哭边吃，同样会引起消化和吸收的功能障碍，遇此情况，最好等气消了再吃饭。

儿童饮食有九忌

一忌零食　常吃零食会破坏胃肠道消化的规律，容易引起胃病。

二忌偏食　偏食某一种或几种食品，容易造成营养不良，影响智力发育。

三忌蹲食　蹲着吃饭，腹部受挤压，胃肠不能正常蠕动，会影响食物的消化吸收。

四忌暴食　儿童消化器官发育尚不健全，经常吃得过饱，消化液的分泌就供不应求，容易产生消化道疾病。

五忌咸食　经常吃过咸的食物，会使体内水分滞留，心脏排血量增加，容易引起肾脏病和高血压。

六忌快食　吃饭过快，唾液分泌不足，会影响消化和营养成分的吸收。

七忌甜食　常吃甜食和糖果，容易造成龋齿，引起肥胖、糖尿病和心脏病等。

八忌看食　边吃饭边看电视或书籍，不但饭菜乏味，而且会影响消化液的分泌，日久会造成小儿消化不良。

九忌走食　边走边吃不但不文明，而且很不卫生。空中的尘土、微生物及有害气体还会和食物一块儿吞咽下去，损害身体健康。

吃水果时应削皮

有许多人吃水果不爱削皮，理由是果皮含维生素高，削掉了太可惜。其实这是不对的。果皮中固然含有很多营养，但也残留有很多农药，吃水果不削皮，弊大于利。据测定：苹果皮的滴滴涕残留比果肉高 32~43 倍；桃子皮的倍硫磷残留量比果肉高 1.3 倍；葡萄皮的杀螟松残留量比果肉高 49 倍。特别是有些农药，如六六六等，化学性质比较稳定，能够长期残存在水果之中，即便用水冲洗，也只能洗掉果皮表面附着的农药，而果皮内残留的农药仍然存在。为了避免吃水果引起农药慢性中毒，生产单位应该在水果接近成熟期，禁止或少量施用农药，人们吃水果的时候，则一定要用清水洗净，并削去果皮。

老人饮食宜与忌

老年人的饮食有很多讲究，以下八宜八忌是需要认真注意的。

1. 宜少忌多饭宜少吃多餐，最忌暴食暴饮。少吃多餐是防止肥胖症发生的好方法。

2. 宜素忌荤新鲜蔬菜富有人体必需的多种维生素，而荤食则不然，吃多了易引起冠心病、高血压等症的发生。

3. 宜软忌硬老年人牙齿容易松动，消化功能也相应减退，宜食易嚼易消化的食物，最忌过于、过硬和油腻食物。

4. 宜淡忌咸过咸的食物易引起水肿和加重心脏、肾脏负担。

5. 宜茶忌烟适当饮茶可消除疲劳，增加血管柔韧性、弹性和渗透性，有利于预防高血压、高血脂症，改善循环系统的机能等，但不宜饮浓茶。吸烟很容易引起咽喉、支气管的慢性炎症，而且可导致肺癌等。

6. 宜广忌偏饮食多样化，合理搭配，有利于营养素的互相补充，要注意吃些含铁与钙的食物，防止骨胳脱钙。

7. 宜热忌寒老年人身体多属阴虚，热食可暖胃养身，切忌食用冷凉食。

8. 宜鲜忌陈老年人消化力减退，若食物不新鲜易造成消化、吸收不良。

食物疗法可参考

谷物菜蔬养身宝，饮食多样任君调。
萝卜消食开脾胃，韭菜补肾暖膝腰。
芹菜能除高血压，除湿去寒是胡椒。
大蒜杀菌可止癌，葱白姜汤治感冒。
绿豆解暑为上品，健胃补虚吃红枣。
番茄补血美容颜，莲藕除烦解酒好。
花生能降胆固醇，西瓜消肿又利尿。
生津伏暑数乌梅，益肾强腰吃核桃。
山楂减肥降血压，生梨润肺止咳嗽。
橘子理气能化痰，山药益肾糖尿消。
海带消瘿通脑栓，木耳抗癌又补血。
猪牛羊肝可明目，蘑菇抑制癌细胞。
蜂蜜润燥又益唇，葡萄悦色会年少。
饮食怎样促健康，一首“食疗”供参考。

延年益寿话书法

许多事实证明，练习书法可以健康长寿，比如古代书法家欧阳询活到85岁，柳公权活88岁，文徽明活90岁，梁同书活93岁；现代人如吴昌硕活84岁，张宗祥活85岁，沈尹默活89岁，书画家齐白石97岁时仍然写字作画。可见，不少书法家同时也是寿星，这点绝非偶然，写字长寿是有其医学根据的。现代生理学说明，静心养性能使大脑功能得到调解，练书法时需绝虑凝神，心平气和，既使手运动区得到充分的锻炼，也使中枢神经常有美的信息储存于脑际，将力量遣送于毫端，倾注于纸上，从而使大脑得到积极的休息，达到养性娱心的目的。

洗澡不要过于勤

讲卫生，是防止疾病、身心健康的基础，而洗澡则是讲卫生的主要内容之一。我们知道，人的皮肤有感觉神经和丰富的皮下血管，能分泌皮脂保护皮肤，也能分泌汗液调节体温、排泄废物，但皮脂、汗液及不断脱落的上皮细胞和灰尘粒粘在一起会形成一层脏东西，再加上外来细菌的腐败，便呈酸臭味，这层脏东西还阻止体内废物的正常排出，应该通过洗澡来加以清除。但要注意，洗澡也不宜过勤。因为过勤，皮脂会减少，尤其是皮脂本来就少的老人，皮肤会变得更干燥，细菌也会乘虚而入。因为皮脂犹如“盾牌”，有阻止细菌入侵的屏障作用。多长时间洗一次澡要依个人习惯而定。一般地说，冬季一周洗一两次即可；夏天经常出汗，一天冲洗一个甚至两个澡是不算多的。

大脑健康十要诀

思　勤思是锻炼大脑的最佳方法。只有多动脑筋，勤于思考，人才会变聪明。反之，不愿动脑只能加速大脑的退化，聪明人也会变得愚笨。

察　多观察自己周围的事物并注意及时在大脑中储存，只察不记或胡乱记忆都是不可取的。

说　大脑中有专司语言的叶区，经常说话也会促进大脑的发育和锻炼大脑的功能。因此，应该多说一些内容丰富，有较强哲理性或逻辑性的话。

读　即多读书，书是智慧的源泉之一，书读得越多，人会越聪明。

听　常听优美柔和及自己喜欢的歌曲，会有利于大脑神经细胞代谢，锻炼并促进听觉神经的功能。

动　多做细致的手工活，如写字、绘画、弹钢琴以及难度较大的体操等。

乐 保持愉快，笑口常开，这可增加肺的呼吸量，增加大脑的氧气供给，从而提高大脑的生理功能。

食 饮食应注意平衡、合理，多吃富含蛋白质、维生素C的食物，如瓜果、蔬菜、豆制品和瘦肉、豆类等。

氧 脑是全身耗氧最大的器官，平均每分钟耗氧量500~600毫升，只有充足的氧气供应才能提高脑的工作效率。用脑时，特别需要讲究卫生，切忌在小屋里边用脑边吸烟。

睡 大脑消除疲劳的主要方式是睡眠，长期睡眠不足或睡眠质量太差只会加速脑细胞的衰退，聪明人也会变得糊涂起来。

莫要忽视“家电病”

疾病与人的关系“如影随形”，生活现代化，“家电病”也随之而生。

空调症 空调给人们带来舒爽的同时，也带来疾病。长时间在空调环境下工作、学习的人，因空气不流通，会出现鼻塞、头昏、打喷嚏、耳鸣、乏力、记忆力减退等症状。

噪声综合症 一般地讲，人的听觉可适应60分贝以下的音量，电风扇、空调器及电动缝纫机可产生40~70分贝的音量，而音量放大的收录机、电视机音响可达60~80分贝，如果长此听之任之，超过人的听觉界限，轻则头痛、头晕、失眠，重者听力、记忆力减退，对消化系统、神经系统、心血管系统也有很大影响。

胃炎　有些人吃饭时还在看电视，边吃边替剧中人掉眼泪，或者吃完饭当安乐公“坐禅”般地一看几个钟头，那么胆汁、胃液和胰腺等消化液的分泌就会受到影响，自然不利于消化，甚至会发生胃肠功能紊乱，招致胃炎。

肠炎　一般人误认为冷冻能“杀”菌，其实，冰箱中仍存

在一种细菌，在 0℃左右此种菌的繁殖迅速，人们如将洗净的果蔬、熟食品从冰箱中取出，如不再进行处理就送入口中，就会将大量耶尔赞氏菌随食品带入人体，容易使人患肠炎。所谓“病从口入”，仍然适用于拥有冰箱的现代人。

除上述四种病症外，尚有一些其他病症。因此，科学家呼吁，使用家电要当心，一定要讲究科学应用。

足部健康莫等闲

脚是人体的支柱，它负荷着全身的重量，若没有健康的脚，强壮的体魄也无从谈起，所以大家要注意对脚的保养。每天晚上洗脚便是保养脚的一种好方法。我国古代养生学家就很重视洗脚的作用。明代老寿星冷谦在《修龄要旨》中写道：“足宜常濯”。民间也流传有“足是人之底，一夜一次洗”之说。据说，春天洗脚，其阳固脱；冬天洗脚，湿邪乃除；秋天洗脚，肺腑润育；

冬天洗脚，丹田暖和。

洗脚的方法：每晚睡前用 38℃ ~40℃热水（不烫手）搓洗约 20 分钟，然后擦干。

近年，日本学者也观察到五脏六腑在脚下都有相应的投影，洗脚时不断按摩脚趾、脚掌、脚心，能防治多种疾病。

在中国，早有“常走疙瘩道，到老不吃药”的民谚，因此足部按摩和以按摩足部为目的的拖鞋、鞋垫的生产，已经相当普遍。重视脚的健康等同于重视身体健康，这一医学常识已日益为人们所认识和掌握。

应该戒除之习惯

生活中，有许多人养成了不良习惯，这些不良习惯均有害健康，应当戒除。

挤压暗疮　挤压暗疮不仅会弄损皮肤，而且会引起细菌感染，还会留下疤痕。

揉擦眼睛　揉擦眼睛会将手部的细菌传染给眼睛，引起发炎，还会造成睫毛折断或脱落。

压迫手指关节　这样做会使指节之间的气体挤出，令韧带及指筋过度伸张，手指及指节将特别容易扭伤，严重可导致指节脱离韧带，手指变形及关节炎。

咬指甲　除了会损坏牙齿之外，微菌和真菌更有可能从口里传染到破损的皮肤上，或是由手指传染到口里，而指甲本身便有可能发炎，影响正常生长。

强忍小便　强忍小便极有可能造成膀胱炎。

饭后即睡　饭后马上睡觉会造成心口灼热及消化不良，而且会使人发胖。

睡前不刷牙　这样会导致牙齿腐坏、牙龈出血、牙周病甚至牙齿脱落。

俯睡　俯姿睡眠会令脊骨弯曲，增加肌肉及韧带的压力，还会增加胸部、心脏、肺部及面部的压力，醒后易出现面部浮肿及眼睛出现血丝。

不要随便舔嘴唇

冬春季节，风多雨少，气候干燥，人们的嘴唇往往发生干裂、流血，十分疼痛。有些人嘴唇干裂时，常常爱用舌头去舔，结果是越舔越干，越来越疼。

这是为什么呢？原来，唾液是由唾液腺分泌的，被用来润滑口腔和消化食物，里面含有淀粉酶等物质，比较粘稠。唾液舔在嘴唇上以后，好像抹上了一层浆糊，水分蒸发完了，嘴唇就干燥得更厉害，更容易破裂出血。嘴唇暴露在外面，上面会沾染病菌，用舌头去舔也很不卫生。再说，总是不自觉地舔嘴唇，其行为也不雅观。

如果嘴唇干燥得不舒服，可以用热水洗或用热毛巾敷，也可以抹上一点香油、凡士林或四环素软膏等，千万不要随便用舌头去舔。

叹息有益于健康

深深地叹息，从生活意义上来说也许是消极、悲观的，然而从生理学和心理学角度来看，叹息对健康是有益的。当人们在难过、悲伤、忧愁时，叹息后便会有一种胸宽郁解的豁亮感；惊恐、惆怅、思虑时，叹息还有定心安神的作用；在工作学习紧张或疲劳的时候，叹息有使神经松弛的作用。如果我们每天在锻炼身体时叹息几声，便可强健呼吸肌，改善呼吸功能，爽快精神。叹息时吐音不同还会收到不同效果。如：吐“吁”字养肝，练“呵”字强心，吐“呼”字健脾，吐“泗”字清肺，吐“吹”字固肾。

鼻是人体“空调器”

人称眼睛是“心灵的窗口”，而对鼻子的功能却未必尽知。鼻子除了呼吸与嗅觉外，又堪称人体“空调器”。人类学家发现鼻子的形状和大小有着种族和地区的差别：白种人鼻梁高、鼻根窄、鼻尖小，多呈鹰嘴形；黑种人鼻梁低、鼻根宽、鼻尖大，呈偏平朝天形；黄种人居于白种人和黑种人二者之间。鼻子的功能是将吸进鼻孔的空气加以湿润和温暖，然后才使空气转到肺部。因而，鼻子才被称为人体的“空调器”。

长期在寒冷干燥地区生活的人，为了适应环境，鼻子相对大而长，这样空气通过鼻道的时间相对长些，达到湿润和温暖的目的，这是人类经过一种长期进化而发生的适应性变化的结果。相反，长期生活在潮湿、较温暖地区的人，鼻子的“空调”作用相对要小，所以功能减弱、器官退化，鼻子相对短而宽。中国北方地区的黑龙江、吉林、辽宁一带的人鼻子显得高而窄长，鼻长(成人)平均为58.5毫米左右，宽为37.5毫米左右；中国南方地区的广东、广西和福建一带的人鼻子短而宽些，鼻长(成人)为56.7毫米左右，宽为40毫米左右。

医学专家研究发现，仔细观察一个人的鼻子，可推断其健康状况：当一个人的鼻尖发肿或鼻尖变肥大，表明他的心脏有病变；如果一个人的鼻子变硬，表明他很可能有动脉硬化；如果鼻子莫明其妙地生有肿块，可能是胰脏或肾脏有病变；鼻子上出现头疮，表明人吃乳类和油性食物太多。

有人也许没有注意到，人的两侧鼻翼在情绪变化时会有不同的形态。人在放声大笑时，两侧鼻翼会升起来；人在紧张或恐惧深呼吸时，两侧鼻翼会膨胀；人不高兴时，两侧鼻翼会缩小；人在显得十分傲慢或表示轻蔑时，鼻尖和鼻翼会翘起来。

鼾声如雷莫忽视

鼾声如雷、鼾声大作，往往令人讨厌。旅行在外，谁也不愿意与打鼾者共处一室，因为打鼾者不仅影响别人睡眠，就是别人在全无睡意的时候，听那“呼噜呼噜”鼻息如雷的鼾声也不美妙。这只是对不打鼾者而言，其实打鼾的害处远不止于此。若说轻微的打鼾，一小时内有两三次停止呼吸，每次 10~15 秒还是正常的，但打鼾者中有十分之一的人在睡觉时有窒息症状，因为他在睡觉时咽喉后面的呼吸道萎陷，所以会出现窒息。带有此种症状的人每小时停止呼吸 60~80 次，每次 10~15 秒，甚至长达 30 秒，其结果是血液中的含氧量急剧下降，当这种情况夜复一夜地发生，则会使心脏负担过重，导致高血压、神经衰弱，甚至引起心律不齐。因此，症状严重的人千万不要忽视打鼾，应该及早求医治疗，可以通过吃药、做外科手术来加以解决。

正确服用维生素

一个健康的、不偏食的人没有必要长年服用多种维生素。但在冬季，人们适当服用一些多种维生素和矿物质补品还是有好处的。在不良的生活环境里生活的人(日照量过大、空气污染严重、恶劣的气候等)以及生理和心理负担过重的人，消耗的维生素和矿物质也比平时多应服用一些；一些偏食的人(如素食者)，由于体内摄入的维生素和矿物质不均衡，也需要用这样一些补品来调节。

在多种维生素和矿物质补品的说明中，虽然注明每天应服用多少，但是很难讲这种用量对具体个人是够用还是不够用，因为每个人的具体情况是不同的，但有一点需要指出的是，人为地过量服用维生素可能会“上瘾”，一旦停止服用，会出现维生素缺乏症状。维生素A和D过量，对人体是有害的。

一般的多种维生素补品，对3岁以前的儿童是不合适的。

下面是各种维生素缺乏的症状和应该摄取的食物：

缺乏维生素A　易导致夜盲、角膜炎。富含维生素A的食品：牛奶、鸡蛋、胡萝卜、蔬菜叶、鱼油等。

缺乏维生素E　易导致不育、肌肉营养不良。富含维生素E的食品：植物油、牛奶、鸡蛋和肉类。

缺乏维生素K　易导致血友病。富含维生素K的食品：鲜蔬菜。

缺乏维生素 D　易导致佝偻病、软骨病。富含维生素 D 的食品：鱼油等。

缺乏维生素 B_1　易导致脚气、神经失调。富含维生素 B_1 的食品：肉类、酵母、带荚的果实、谷类。

缺乏维生素 B_2　易导致皮肤病、神经失调。富含维生素 B_2 的食品：肉类、牛奶。

缺乏维生素 B_5　易导致易怒、痉挛。富含维生素 B_5 的食品：肝、酵母、谷类。

缺乏维生素 B_{12}　易导致恶性贫血。富含维生素 B_{12} 的食品：肝、肉类、鸡蛋、牛奶。

缺乏维生素 C　易导致坏血病。富含维生素 C 的食品：柠檬、水果、青椒、白菜、土豆。

缺乏泛酸　易导致胃肠炎、皮肤病。富含泛酸的食品：肝、酵母、鸡蛋。

缺乏叶酸　易导致贫血。富含叶酸的食品：蔬菜叶。

中药里的“反”和“畏”

我国医学家在长期实践中，发现一些药物同服会产生毒性反应，归纳为“十八反”和“十九畏”，作为药物配伍的禁忌。

十八反 乌头反半夏、括娄、贝母、白蔹、白芨；甘草反海藻、大戟、甘遂、芜花；藜芦反人参、党参、沙参、玄参、细辛、芍药。

十九畏 硫磺与朴硝相畏；水银与砒霜相畏；狼毒与密陀僧相畏；巴豆与牵牛相畏；丁香与郁金相畏；牙硝与荆三棱相畏；川乌、草乌与犀牛角相畏；人参与五灵脂相畏；官桂与石脂相畏。

中风应该咋预防

中医学上有“中风”病，其症状常常是面部神经麻痹，口眼歪斜，甚至出现半身偏瘫或全身瘫痪。由此可见，预防中风十分重要。怎样预防呢?

调节情绪 狂喜、暴怒、忧思、悲哀、恐惧，都可影响内脏功能、血管舒缩功能失常，都有可能诱发中风。

戒除烟酒 香烟中的尼古丁能收缩血管，升高血压；饮酒可促使血压升高、血流加速，两者都有可能使脑动脉破裂而致中风。

饮食调养 一般认为高血压、动脉硬化、高血脂三者有着密切的关系，应选择低脂肪、低盐饮食，多吃富含纤维素的蔬菜、瓜果、豆制品、鱼类、食用菌类，维护血管健康，降低血粘度，稳定血压，预防中风。

避免劳累　老年人体力不足，若操劳过度容易耗伤气血、刺激心脏，导致血压升高而诱发中风。所以平日应经常散步，打打太极拳等以稳定血压，增强心脏功能。

防止便秘　大便秘结，努力屏气会使病人腹压增高，诱发中风。便秘者宜常用润肠通便之药，也可常吃些蜂蜜、香蕉、核桃仁，此外每晚睡前宜用热水浸泡双脚约 20 分钟，以引血下行强身健体。

常见症状之防治

维生素和矿物质是人体必需的元素，但人们在日常饮食中未必能获得人体所需的各项养分，时间一长，便会出现这样那样的症状。但是不要紧，有些症状只要补充适当的维生素就会得到缓解和好转。如：

前列腺问题　多由于体内缺乏锌所致，要补充锌。

食欲不振　需补充维生素 B_{10} 和锌。

指甲易裂，需服用维生素 B_{10}、维生素 A 和 E，它们对保护指甲和美发都有益。

牙龈出血　应多摄取维生素 C 和 B_{10}。

头发干燥、发质差　可能是甲状腺问题的症状，可多摄取碘和脂肪酸。

失眠　应补充维生素 B_6 和钙等。

伤口愈合慢　多摄取锌和维生素 C，可使伤口尽快愈合。

贫血　如果下眼睑内部色素不像牛肉般的红色，就可能是贫血，要补充铁质。

易生口疮　需摄取维生素 C 和赖氨酸。

疲乏、懒散　应多吸收维生素 E、硒和铁。

癌症凶顽可预防

癌症较于一般的疾病，是十分凶顽的，人们常常谈癌色变，其实癌症是可以预防的。

预防的基本要求是：不偏食，摄入营养应当平衡；不反复食用同一食品；避免饮食过量、过饱；不嗜酒，不饮酒过度；少吸烟；摄入少量的维生素 A、C 和 E，多吃富有纤维素的食物；摄入食盐不应过量；不吃过热的食品；不吃烧得过焦的食物；不吃发霉的食物；不要让日光过度曝晒；避免身体过度疲劳；保持身体及家庭、工作环境的整洁。

欧洲人的防癌法

当今，人们常常谈癌色变，但如果你选择一种健康的生活方式，某些癌症可能被避免，你的健康状况也将得到改善。

不要吸烟　吸烟者应该尽快戒烟，同时不要在他人在场时吸烟。

节制喝酒　如果你喝酒，不论是啤酒、葡萄酒还是烈性酒，都应节制酒量。

增加每日蔬菜和水果的摄入　经常食用纤维含量较高的谷类。

避免过于肥胖　增加体力活动，同时限制高脂肪食品的摄入。

避免日晒过度　避免晒得爆皮，在儿童时期尤其如此。

自我约束　严格实施旨在防止接触任何已知致癌的物质的规定，在接触可能致癌的物质时，遵照所有有利于保健和安全的准则行事。

自我检查　如果你注意到自己身上有肿块，久治不愈的疼痛（包括口腔内的），形状、大小或颜色改变的痣或者任何反常的出血，应该到医院去做检查。

环境因素与用脑

环境因素与用脑效率有着密切的关系，影响大脑的环境因素主要有五个方面：

1. 光线　在用脑时，环境光　线过强会使人感到烦躁，影响思维判断能力；光线太弱，会影响用脑效率。

2. 温度　保持适宜的环境温度，可以提高大脑处理信息和解决问题的能力。据研究，气温在18℃时，人思考问题最为敏捷；气温超过35℃时，大脑的消耗会明显增加，易造成大脑疲劳，使人精神倦怠。

3. 空气　在学习紧张时，经常开窗通气使大脑有充足的氧气供应，有利于提高用脑效率。

4. 颜色　淡绿色或淡蓝色可使人平静，易于消除大脑疲劳；而深红色、深黄色会对人产生强烈刺激，使大脑兴奋，随后则趋向抑制。

5. 音响　经常处于70分贝以上的音响环境中，会使人头晕乏力、记忆力减退，从而用脑效率明显降低。但是，若在用脑间隙，欣赏一下轻音乐或歌曲，却能够促进大脑的生理协调，减少大脑的疲劳，提高工作效率。

身体健康之标志

1. 精力充沛，能从容不迫地应付日常生活和工作压力，而不感到过分紧张。

2. 处事乐观，态度积极，乐于承担责任。

3. 善于休息，睡眠良好。

4. 应变力强，能适应环境的种种变化。

5. 能够抵抗一般性感冒和传染病。

6. 体重得当，身体匀称，站立时头、肩、臂位置协调。

7. 眼睛明亮，敏锐，眼睑不发炎。

8. 牙齿清洁，无空洞，无痛感，齿龈颜色正常，无出血现象。